FRANÇOISE FRONTISI-DUCROUX

女树男花
希腊神话中的植物爱经

〔法〕弗朗索瓦丝·冯蒂希-迪库 著
唐果 译

ARBRES FILLES ET GARÇONS FLEURS
MÉTAMORPHOSES ÉROTIQUES DANS LES MYTHES GRECS

上海文艺出版社
Shanghai Literature & Art Publishing House

图版

图版版权声明

图版1 © Princeton University Art Museum. Gift of the Committee for the Excavation of Antioch to Princeton University

图版2、10 © The Trustees of the British Museum

图版3、9、11 © Photothèque Centre Gernet

图版7 CC © Paris Musées / Petit Palais, musée des Beaux-Arts de la Ville de Paris

图版12、13 © Ville de Mulhouse

图版15 © Succession J.-C. Fourneau

1. 达佛涅和阿波罗
安条克马赛克镶嵌画(局部),2—3世纪
美国普林斯顿大学艺术博物馆,藏品y1965－219

2. 掷铁饼的许阿铿托斯
罗马宝石,罗马帝国时期
英国伦敦大英博物馆,1859,0301.109

3. 骑上天鹅的许阿铿托斯
雅典红绘陶杯,公元前5世纪
瑞士巴塞尔,私人收藏

4. 东方风信子
旧版画
私人收藏

5. 兄弟墓前的赫利阿德斯姐妹
维吉尔·索利斯版画,奥维德《变形记》插图,法兰克福,1563
私人收藏

6. 潘与叙任克斯
维吉尔·索利斯版画,奥维德《变形记》插图,法兰克福,1563
私人收藏

7. 米拉的分娩：阿多尼斯的诞生
意大利马约里卡彩绘瓷盘，传丰塔纳作坊出品，16世纪
法国巴黎市立美术馆，inv. ODUT1072

8. 那喀索斯
克里斯蒂娜·德·皮赞《奥西娅书信》插图，15世纪
私人收藏

9. 泽费罗斯掠走男孩
雅典红绘陶杯，公元前5世纪
柏林F2305，原器已佚

10. 奥罗拉掠走男孩
雅典红绘陶杯,公元前5世纪
英国伦敦大英博物馆,1836,0224.82

11. 雅典红绘陶杯（局部）
公元前5世纪
柏林F2279

12. 水仙
版画，迪奥斯科里德斯《药物论》插图，1544
法国米卢斯市立图书馆藏品，遗产收藏，编号 800 315

13. 兰
版画，迪奥斯科里德斯《药物论》，1544
法国米卢斯市立图书馆藏品，遗产收藏，编号 800 315

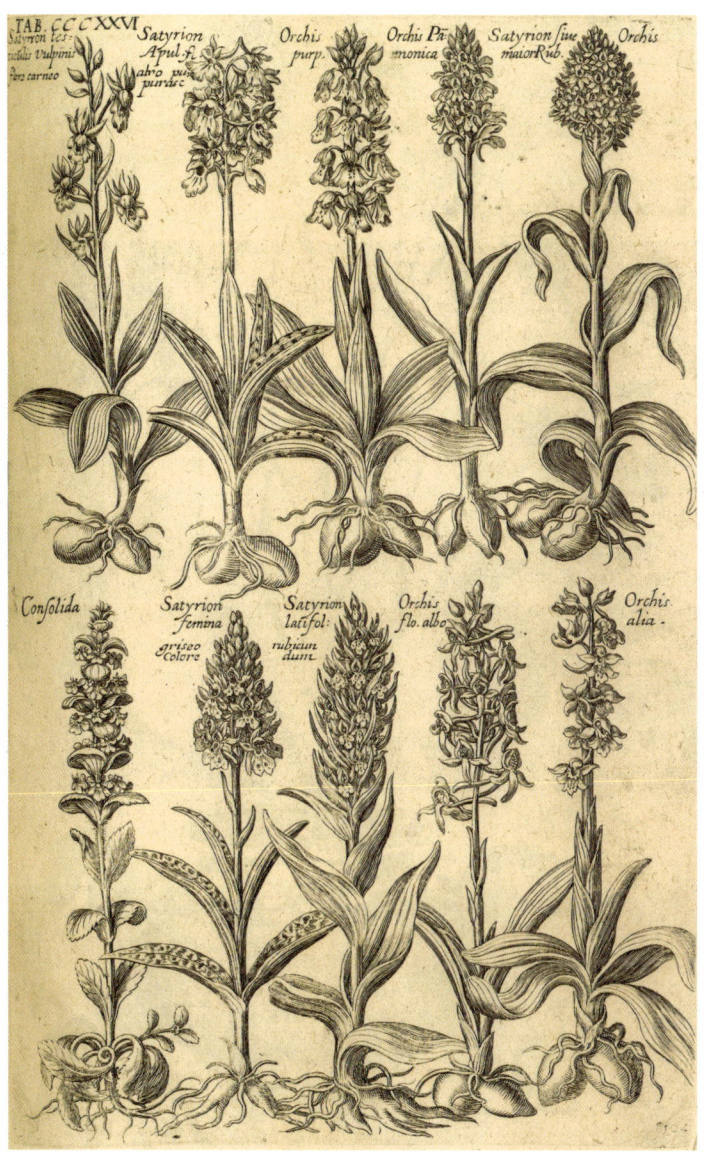

14. 兰
米夏埃尔·伯恩哈德·瓦伦蒂尼《新辑本草全书》插图，法兰克福，1719
私人收藏

15. 菲勒蒙和包客斯
让-克洛德·富尔诺。油画，Ca.1940

献给保罗·韦纳（Paul Veyne）

老实人道："说得很妙。可是种咱们自己的园地更要紧。"

目　录

引言：性类的混淆　　　　　　　　　　　*001*

阿波罗的两段情：达佛涅　　　　　　　　*009*

阿波罗的两段情：许阿铿托斯　　　　　　*015*

少女　　　　　　　　　　　　　　　　　*023*

少男　　　　　　　　　　　　　　　　　*037*

树之男与花之女　　　　　　　　　　　　*047*

爱欲，性别和词性　　　　　　　　　　　*057*

植物学：树　　　　　　　　　　　　　　*077*

植物学：花　　　　　　　　　　　　　　*093*

俄耳喀斯，隐藏的主角　　　　　　　　　*111*

结语：神话结晶　　　　　　　　　　　　*123*

附录1　生命终期的变形：菲勒蒙和包客斯　*125*

附录2　几个巧妙的繁殖方法　　　　　　*129*

参考书目　　　　　　　　　　　　　　　*137*

致谢　　　　　　　　　　　　　　　　　*143*

图版目录　　　　　　　　　　　　　　　*145*

引言
性类的混淆

  为什么，在有关植物变形的希腊神话中，女孩变成了树木，而男孩却在死亡时变成了美丽的花朵？这个问题是我们这项研究的出发点，它之所以成为问题，是因为在法语里，花名通常是阴性名词，树名则采用阳性名词。一个惯用阳性名词来命名花卉的意大利人或许就不会那么大惊小怪。换那些谨慎使用中性名词来命名花朵的语言又会怎样？然而每个人都在自己的语言中思考。实际上，法语里两种词性的花名都有。法语的 rose（蔷薇），从拉丁语 *rosa-rosam-rosae*……［"蔷薇"在拉丁语里的几种变格］* 演变而来，一直都是阴性花名的典范。但与之相伴，我们的花园里又有

---

* 本书正文、注解中以小一号方括号标出的文字均为译注，以下不再一一说明。

多少阳性的百合、水仙和剑兰啊。蔷薇（在希腊语中是中性名词：rhodon）并不在本书讨论的范畴，就像同样是阴性的雏菊（marguerite）——不管是指花，还是叫这名字的女孩。至于"花季少女"，普鲁斯特的小说已经向我们揭示了她们的男孩子气。阴性或阳性，语言层面的问题我们以后再细究。我们现在的研究主要关于神话。

如何定义神话？这是一个问题，也是一个被广泛论述和探讨的话题①。在希腊语中，神话这个词的意思是言语和叙述。让我们搁置定义，只是单纯地走进去，走进这些古往的超自然的故事。神话是供大众使用，在社会中产生和传播的故事，社会成员既是这笔共同财富的创造者又是接受者。与其他文明的神话一样，希腊神话最初隶属于口述文化，与语言的传播同时发生。妇女是这一过程的主力，因为是她们教会孩童说话。然而我们无法像研究当代文化的人种学家那样接触到口口相传的、活生生的神话。我们无法亲耳听述那些传奇的故事，那些母亲、祖母和乳母用以大量填喂孩子的精神食粮——柏拉图曾对此大不为然，虽然他也经历过这些，且并非全无获益。现在我们只能通过诗人的话语来听取神话的声音，他们各自在特定的条件下，出于不同目的，不断地加工、丰富和美化了神话。事实上，我们只能从遗留自古典时代的书面记录里阅读神话。

此外，这些希腊神话必须首先以拉丁语阅读。因为我们可以接触到的主要文本并不是以希腊语写作，而是拉丁语。比如奥维

---

① 最新篇是克劳德·卡拉姆（Claude Calame）的《希腊神话是什么？》（*Qu'est-ce que la mythologie grecque?*，Paris, Gallimard, 2015）。

德的作品，它将有关人类在神的干预下所经历的形式上或物质上的超自然变化的传统叙述，汇集成了一部浩瀚的长诗。出现在诗篇卷首的标题，混杂了希腊语和拉丁语的 *Metamorphoseon Liber Primus* [变形记卷一] 明确地宣告了他的写作计划：用拉丁语演唱希腊故事，在这一文化连续性里刻入罗马神话。事实上，正是从奥维德开始，*Metamorphosis*，即"形式的改变"，这个本在希腊语中少有例证的词，开始在希腊语和拉丁语两种语言间传播开来。奥维德的诗歌创作于公元纪年初期，一问世便传阅不绝，先是以手抄本的形式，而后随着印刷机的发明，其拉丁文原版和多种语言的译本更是在欧洲各地广泛传播。它成了变形故事的圣经。奥维德的素材来自前人整理的古希腊传说故事，他对不同版本进行了裁剪取舍，因为神话远远不止一个含义。而由奥维德编定的版本从此就成了标准版本，甚至在文艺复兴之前就启发了欧洲的文学和艺术。要想了解希腊神话，就只能跟随奥维德诗作的步伐。不过幸运的是，我们还可参考一些遗留至今的早于《变形记》的作品，大都是残帙断篇，[1] 以及其他类型的著作与片段，如神话编撰家的概述，语法学家、词法学家的评论，哪怕只是寥寥几笔简略的记载。我们的目的并不是研究奥维德的诗歌，但的确是奥维德利用自己的天分，使大部分神话故事得以流传下来，即便那是他根据自己的观点改写过的、带有他非凡人格印记的版本。奥维德完全是有意为之，《变形记》结尾的最后一个拉丁单

---

[1] 尤其是安东尼努斯·里贝拉里斯 [Antoninus Liberalis，生平不详，一般认为生活于公元2、3世纪之交] 的《变形文集》(*Métamorphoseôn sunagogé*)，该作品参考了公元前2世纪尼坎德洛斯 [Nicandre，古希腊克罗丰的说教诗人、医生]《易形之物》(*Heteroioumena*) 的若干内容；以及尼西亚的帕尔泰尼奥斯 (Parthénios de Nicée) 的《爱的痛楚》(*Erotika pathemata*)，他是公元前1世纪到公元1世纪之交，与奥维德同时代的诗人。

词即是明证：*vivam*，我将永存。不，我们要做的是从中汲取素材，探索造就这部诗作的神话想象，这一在更广的层面上，在一千五百多年的岁月中，穿过种种社会变革和历史断痕，持续为人们思考甚至是遐想①提供框架的神话想象。

这将是一场流浪形式的探索，它将走入神话，穿过那些或虚构或真实的地中海植物。它将不惮于离题、旁逸，甚至——应会在掌控之中——打乱时代顺序。但这场探索仍免不了一程书海遨游。专博的文章和著作，绕不过去的关键评论，它们不但助长了我们的遐想，有时甚至指引着遐想的方向。我们将努力发掘出它们各自的价值。

变形

奥维德记录的植物变形故事分布在《变形记》的十五卷中，并未独立成章。变形是在神的干预下发生的超自然事件，植物变形只是其中一种。诸神都有变形的法力。他们有时对自己施法，有时对其他生灵施法。首先要区分的是人类变形和神灵变形。奥林波斯山上的众神会使用这两种手段。为接触人类，他们会变成对方熟悉的人、陌生的人，或者变成一种动物。在《奥德赛》中，雅典娜曾依次变作门托尔的模样指导忒勒玛科斯，一个在法伊阿基亚向奥德修斯提供信息的小女孩，以及一只在横梁上看着求婚人被屠杀的燕子。当她以一个高大而美丽的女性的形象出现

---

① 雅基·彼儒（Jackie Pigeaud）在《艺术与生命》（*L'Art et le Vivant*，Paris，Gallimard，1995）中探讨的"遐想的思想"，或"文化遐想"。

在奥德修斯面前时，她的样貌更接近于标准样式，即艺术家们所想象的形象。不过，这也是一个表象。人类形态虽然占神灵变形的多数，但也只是其中一种可能而已。从本质上来说，神是不可见的，每一次显圣都需要"塑形"，这个过程可以视为变形。

同时，神灵动辄转化那些不幸挡了他们的道、触犯了他们，或是深得他们喜爱的人。朱庇特把自己变成公牛以劫走欧罗巴，也会把情人伊俄变成小母牛以使她免于朱诺的嫉妒。

变形的结果提供了另一种分类模式：动物变形、植物变形和石化（还可以加上性别变更）。后两种变形只涉及人类，他们是这两种变形的受害者，因为神从来不会心血来潮把自己变成植物或岩石。

变形是可逆的，但神很少给予受害者这样的恩惠。伊俄很幸运地恢复了她的女性身体。在奥德修斯的威胁下，女巫喀尔刻也使希腊水手恢复了人形。对于自身的变形，神灵为所欲为……除了海洋神灵，因为他们的变形循环可被凡人阻止，只要凡人知道方法：抱紧神灵的腰，直到他无法动弹，将自己固定在人类的形态中。墨涅拉俄斯就是用的这个方式迫使普洛透斯说话，而佩琉斯通过这个方式娶到了忒提斯。

对于古人来说，变形是一种探索物种类别，为世界建立秩序的工具。它发生在两个种族——凡人与神灵——的接触中：神灵希望与人类女子结合，凡人则出于自负或鲁莽超越了身为人类的界限。这种越界行为通过连锁反应造成新的混乱，导致物种之间的屏障被粗暴打破：人类沦为动物，或者陷入植物或矿物的世界里难以自拔。变形揭示了边界的渗透性和世界的流动性。奥维德把他的伟大诗作置于毕达哥拉斯的思想主导之下："一切都在变，什么都不会消失……宇宙中没有什么是稳定的。一切都在流动，所成之象俱非定形。"[1] 由是，诗意的遐想与努力以理性方式思考世界的哲学和科学建构形成了对位。亚里士多德的分类建立了一套不可逆转的等级次序，从植物到动物再到人。而在一切之上的，是神。

在非常特殊的情况下，变形可以使人类进入神的境界，通过"神化"，比如赫拉克利斯的神化，或通过"恒化"（catastérisme），即转化为恒星。由恒化变形而来的星宿仍然点缀着我们的夜空，如猎户座（俄里翁）、仙女座（安德罗玛刻）、英仙座（佩耳修斯）、大熊座（卡利斯托），等等。

植物变形则专属于凡人。人类在邂逅神灵后被变为植物，且通常是由于神灵对人类所产生的情欲。

神灵的情爱

但是为什么神会对凡人产生情欲呢？一般都会认为神只需要获得信徒的敬仰就足够了。面对祈祷的人，神只需要接受他们的请求和感谢；面对袅袅熏香和散发着烤肉香味的祭品，神只需要享受那怡人的芬芳；面对百牲大祭和壮观的仪式队列，神只需要欣慰地观赏。这都是人对神的崇拜，而且喜剧诗人告诉我们，当这一切有可能被剥夺时，神会多么忧虑。但在神话里，神灵还有许多其他烦恼。尤其是男性诸神，甚至还有几位女神，他们从未停止对人类女孩或男孩的渴望。如果像柏拉图在《会饮》中借苏

---

[1] 奥维德，《变形记》卷十五，165、179 行。

格拉底之口所说的那样（200d-e），爱只能是对自身缺乏之物的欲望，那么拥有不朽之躯的完美的神，他们的欲望应该与他们缺乏的东西有关：比如死亡，比如易逝之物的光耀。他们会在女孩的脸颊和少年的身体上寻找这些东西。把自己变为神灵的欲望对象，人类借由诗人的声音从注定衰老、死亡的命运中求得宽慰，同时也得以畅快地将某些苦难加诸神灵。

阿波罗的两段情：达佛涅

　　阿波罗，最英俊的神，也是这些不幸的神灵之一。诚然，他大部分时候情场得意。他和缪斯们生有几个孩子。缪斯女神和他都是宙斯的子女，而且都归他统率。但阿波罗和人类的邂逅却喜忧参半。他和库瑞涅在一起还挺顺利。这位美丽的女猎手有一天徒手制伏了一头狮子。阿波罗迷醉于她的神力，坠入爱河，把她劫上一辆金色战车，一路带到利彼亚。他们生下一个儿子，叫阿里斯泰俄斯，后来颇有开化之功：他发明了养蜂和奶酪制作，也经历了一些不幸。与此相反，特洛伊国王普里阿摩斯的女儿卡珊德拉拒绝了曾给予她预言天赋的阿波罗，阿波罗就给她施了一个诅咒，使她永世不被人相信，致其疯狂。至于另两位，科罗尼斯和玛尔佩萨，她们宁愿与凡人相恋，抛弃了阿波罗。

达佛涅

　　但正是在达佛涅（Daphné）身上，阿波罗经历了最痛苦的失败。[①] 奥维德说，这也是阿波罗的首次恋爱。他嘲笑小丘比特的弓箭，于是遭到了报复。丘比特开弓射出两支箭：一支鎏金，一支填铅，前一支以产生情愫，后一支以驱走爱情。第一支射向阿波罗，第二支射向达佛涅。阿波罗心中顿时燃起爱情的烈火，而美丽的姑娘却一心一意只想着打猎，回绝了所有的追求者。阿波罗接近她，试图用神灵的头衔说服她。她逃跑，他追逐，于是变成了一场狩猎。眼看就要被抓住，达佛涅恳求诸神将她从这诱人的躯体中解救出来。"她的祈祷刚结束，一种沉重的麻木就侵入她的四肢，一层薄薄的树皮包裹起她柔软的胸膛，她的头发伸展成叶丛，胳膊伸展为枝条。她迅捷的双脚向地里牢牢扎下无法挪动的根系，她的头变成了树冠；她只剩了一团光芒。福玻斯［阿波罗的别名］仍然爱着她，把手放在她化身的树干上，隔着新长的树皮，依旧可以感受到心跳。"

　　这里有一点有必要阐明一下。不管是达佛涅的变形，还是其他受害者的变形，在对变形这种奇观的描写方面，奥维德进行了重大革新。今天我们已经习惯于在电影中目睹各种极其可怕的变形。我们必须摆脱这种心理和视觉框架，才能真正意识到奥维德天才创举的分量。在他之前，变形只是一个简单的观察结果。变形被简单地陈述为："它们变成了鸟"，或"宙斯把自己的样子变成了天鹅的模样"，"喀尔刻一挥魔杖就把他们变成了猪"。这种

---

① 同前，卷一，452—567 行。

写法后来在童话故事中得以延续。在童话故事中，魔法具有瞬时效应，其作用之快、之不可见俱在"一眨眼"中得到阐释：变形的过程是看不到的。奥维德自己有时也会用这个方法，在陈述施法行为和结果以外不做赘述。但在大多数情况下，他详细描写了变化的过程，缓慢地逐一描述变形的各个阶段。数学史学家解释说，这非常了不起，因为在古典时代，人们的精神状态还很难理解时间的长度。可是奥维德却在时间性上做起文章，既有加速，也有减速。他的描述非常有可能参考了生物模型，并进行了加速，比如植物成长，叶片舒展，茎的木质化，总之，一切只有以一定间隔持续观察才能为肉眼所感知的现象。同时，他的描写也是在减速，以展示从一种状态到另一种状态，从人类到植物……或对某些人物而言变为动物的超自然过程。古代思想在理解持续变化过程方面的困难——假如不是完全不可能的话——解释了叙事中交替出现的变形和消失——希腊语 *aphanismos*。我们将看到，有些故事最后本体先消失，随后出现替代物，比如，一朵花代替了那喀索斯的躯体。同一个神话会这样形成两种版本。这是对同一"现实"不同理解的结果。

"诗人能看到视野之外的东西。"很久以后另一位诗人阿拉贡［Aragon，1897—1982，法国诗人、作家］如是说。[①]

总之，达佛涅变成了月桂树。阿波罗仍不肯完全放弃，他挽

[①] 与奥维德同时代的另一首诗《白鹭》（*Ciris*）详细描述了斯库拉变形为白鹭的过程（490—505 行），也体现了诗人的功力。这就又多了个认为其作者是维吉尔的理由。参见奥古斯特·奥里（Auguste Haury）整理版（Bordeaux，1957）。一个世纪后，阿普列尤斯很好地描述了女巫潘菲乐变成鸟以及鲁巧变成驴的过程：阿普列尤斯，《变形记》［又译《金驴记》］，卷三，21、24 节。参见弗朗索瓦丝·冯蒂希-迪库，《变形的发明》（«L'invention de la métamorphose»，*Rue Descartes*，n°64，2009，*La Métamorphose*，p. 8 - 22）。

着树枝，抱着树干："好吧，既然你不能做我妻子，那你就做我的树，喔，月桂树［……］你将永远拥有美丽而长青的树叶。月桂树为表同意，摆了摆树梢，也就是头部。"

这里就产生了一个从拉丁语翻译到法语的问题：拉丁语 *laurus*（月桂树）是阴性的——这一点我们稍后再谈，法语 laurier 却是阳性名词。忠实的翻译应当保留达佛涅的性别，至少也应保留她的生理性别，因为就算她拒斥女性身份、拒绝担负妻子的角色，也并不意味着她成了男性。阿波罗所拥抱的仍然是女性。变形应该允许我们造一些新词。既然在法语里我们不能说他拥抱了一棵阴性的树，或许可以说他拥抱了一株美丽的植物［法语中树-arbre 为阳性，植物-plante 为阴性］，造一个阴性单词：une laurière? une laure 更好。这个神话，从原因论角度解释了月桂树——希腊语 *daphné*，拉丁语 *laurus*——的起源，以及这种树为何专属阿波罗，并经常在相关信仰活动中使用①。

这个神话的叙事结构其实很简单：一个非常美丽的女孩拒绝爱情，无论对方是人类还是神灵。像阿耳忒弥斯一样，她抗拒自己作为一名女人的命运，宁愿去打猎，宁愿一直是处女。但女神能做的事，凡人不可为，宁芙仙女也不行。宁芙是介于人神之间的生灵，并不能逃脱死亡。达佛涅是一条河流的女儿，一个宁芙，因为拒绝成为女人，终于彻底脱离人类，进入了植物状态。她不幸的根源是一种情欲，外来的情欲，以及与神不得已的接触。必死的生灵与神族的邂逅，无论当事者是接受还是拒绝，几

---

① 例如，在古希腊得尔菲城为纪念阿波罗每四年举行一次的竞技会上，获胜者佩戴桂冠；该城阿波罗神庙中的女祭司在宣示阿波罗神谕前咀嚼并焚烧月桂树叶；该城第一个阿波罗神庙据说是用月桂树建造的，等等。

乎总是导致其种类的变化，本例中达佛涅便堕入了植物世界。

在奥维德之前，古希腊诗人尼西亚的帕尔泰尼奥斯记录了该故事的另一个版本。在这个版本里，达佛涅是斯巴达一位国王的女儿。深得阿耳忒弥斯的器重，这名女猎手始终不愿嫁人。她有一名叫琉客波斯的仰慕者。为了追求达佛涅，琉客波斯化装成一个女孩，和她一起打猎，并获得了她的好感："她总是拥抱他或紧靠他"。这种温柔的情感导致了也爱上达佛涅的阿波罗的嫉妒。阿波罗煽动达佛涅与伪装成少女的琉客波斯一同去沐浴。琉客波斯备觉尴尬，他试图拒绝，结果被强行脱去衣服，暴露了真实身份，被长矛刺穿。随后，他就消失了……再也看不到他。摆脱了情敌，阿波罗走上前台。在神灵的追逐下，达佛涅一边逃跑，一边请求宙斯将她从人类的形体中解脱出来。"据说她变成了一棵用她的名字冠名的树：*daphné*，月桂树。"帕尔泰尼奥斯在结尾处简洁地写道。

帕尔泰尼奥斯的故事和奥维德的故事一样，具有释因的功能：它解释了阿波罗偏爱月桂的缘起，以及这种植物被用于阿波罗崇拜的原因。

不过帕尔泰尼奥斯的记录将达佛涅的故事纳入到另一个系列中，这一系列故事讲述男人如何施计装扮成女性，来接近一个对性抱抵触心理的女子——宙斯就是通过这种方法强奸了卡利斯托。而针对男孩异装和女猎手们混在一起的举动，好胜的阿波罗也还以诡计，恶意煽动女孩同去沐浴。因此，这个故事又可归入"狄安娜入浴"一类——狄安娜女神被她赤裸的女伴所环绕，偷窥者阿克泰翁则躲在一旁注视着她们。这一场景提供了一些略显下流的色情幻想空间，后来被古典主义画家充分利用，为裸体绘画的爱好者带去无限乐趣。

但基于奥维德诗歌形成的传统主要还是记住了两位主角：坠入爱河、欲望未得满足的神灵，和变形成月桂树逃脱侵犯的惊恐的宁芙。

众多以这一神话为题材的具象艺术作品证明它极为流行，比如古希腊和古罗马的镶嵌画，庞贝的壁画，奥维德作品手抄本以及后来印刷版本的插图，还有层出不穷的油画。毫无疑问，贝尔尼尼［Bernini, 1598—1680，意大利巴洛克雕塑家、建筑家］创作的、现藏于罗马博尔盖塞别墅的雕像仍是体现该神话的最出色的作品。[1] 这位雕塑家的作品实现了一种新的变形，让石头同时有了肌肤和植物的质感。达佛涅惊人的转化和奥维德对这一缓慢过程的描述，被贝尔尼尼成功地凝固在一望而知静止的大理石中。将神话从一种语言转录为另一种语言，雕塑家对诗人作出了回应。雕像中的达佛涅，脚趾变长，成为树根扎入大地，而就在下方的底座上，铭刻着奥维德的诗句，描述的正是这一不可思议的变形过程[2]。

---

[1] 时代更早的有：马里诺的古罗马镶嵌画；庞贝，I区，遗址 7，遗址 19（美男子雕像之屋）；安条克镶嵌画（图版 1）；波拉约奥洛［Piero del Pollaiolo, 1441—1496，意大利文艺复兴时期画家、雕塑家］的画作，等等。

[2] 由于拉丁语中存在性、数、格变化，可以把 *radix*（根）一词延长两个音节，变成复数夺格形式：*radicibus*。奥维德非常擅长使用这种语言技巧。

阿波罗的两段情：许阿锃托斯

　　阿波罗也喜欢男孩。奥维德借由俄耳甫斯之口来歌唱这段不幸的爱情。① 据称是这名歌手在人类中引入了男同性恋行为，并因该发明而被色雷斯妇女所杀。阿波罗爱上了俊俏的许阿锃托斯（Hyakinthos），他爱得如此投入，以至于无暇操琴挽弓。他陪许阿锃托斯打猎，替他背渔网牵猎狗。爱使阿波罗成了这个斯巴达少年的奴隶。他们还一起运动、掷铁饼。阿波罗展示他的力量，把铁饼高高掷上云端。他掷出了神的风采。当铁饼掉下来的时候，许阿锃托斯冒失地冲过去捡，迫不及待地想要一试身手。但是铁饼落地反弹击中了他的脸，他一头栽倒。阿波罗接住他，用尽一切方法试图唤醒他，但无力回天。奥维德写道，就像一朵

---

① 奥维德，《变形记》，卷十，162 行起。

花,男孩已经失去了颜色,枯萎、凋谢了。阿波罗责备自己,绝望无涯。但爱也有错吗?命运不允许神灵和他心爱的凡人一起死去,于是阿波罗向许阿铿托斯许诺永生……以花的形式。在被垂死之人的鲜血浸透的草地上,一朵花瞬间绽放。诗人说,这朵花看起来像百合花,但却是紫色的,它的花瓣上带有"AIAI"的"铭文",永远传递着阿波罗的痛苦和哀怨。①

这个神话同样具有释因功能。它讲述了一种希腊语称为 hyakinthos 的花卉的诞生情况及特点。事实上,这一名词在古代具体指哪种植物仍有待商榷,稍后会对此以及与之相关的刻画进行探讨。不过首先可以确定的是它指的是风信子,法语中的 hyacinthe 或 jacinthe②。hyacinthe 似乎比 jacinthe 更可取,jacinthe 非常确定是阴性,而加了冠词的 l'hyacinthe 由于省音的缘故,让人把握不准它的阴阳性,恰恰在希腊语中,该词的词性就是模糊的,两种词性的例子都有③。至于作为人名的 Hyacinthe,那当然是个男用名。

在奥维德的诗篇中,许阿铿托斯的悲情故事紧接在伽倪墨得斯的故事之后。伽倪墨得斯得到宙斯的宠爱,被带上奥林波斯

---

① 奥维德,《岁时记》,卷五,223 行起:"他的哀怨仍然铭刻在它的花瓣上。"约翰·沙伊德(John Scheid)和杰斯珀·斯文布罗(Jesper Svenbro)在《乌龟和七弦——走进古代神话制造》(*La Tortue et la lyre. Dans l'atelier du mythe antique*,Paris,CNRS Éditions,2014)中,阐述了这些字母作为纪念和丧葬铭文的意义,对此我暂时搁置不谈。他们同时强调了神话演变的历史过程和英雄在斯巴达的文化地位。他们的著作对于理解神话,特别是"生成神话"的概念至关重要。
② 虽然在当代园艺用品商店里二者被区分开来,并有一些说法称 jacinthe 来自东方,与郁金香同时,但它们是同一品种。翻译出版泰奥弗拉斯托斯 [Théophraste,约前 371—约前 287,古希腊哲学家、植物学家] 著作的苏珊娜·阿米格(Suzanne Amigues)认为 jacinthe 很早就在欧洲出现,适应了环境,并通过传粉与本地品种完成了杂交。
③ 在法语里也是如此,至少在古法语中是这样。

山，成为众神的斟酒人。他的命运非同寻常：青春年少，他获得了不死之身和不老之躯，被永远停留在青葱岁月，也就是古希腊男人与少男之爱中"被爱者"①的年纪，以取悦宙斯。

阿波罗没能使他早夭的爱人享有相似的命运。许阿锓托斯的故事体现了人类与神过分接近的危险。阿波罗那超越凡人的力量摧毁了身为人类的许阿锓托斯，反过来也给作为神的自己带来了痛苦。这种关系是不理智的，在琉善［Lucianos，约125—180后，罗马时代希腊散文作家、哲学家］的《诸神的对话》中，赫耳墨斯对阿波罗说："你清楚地知道你爱的那个人终有一死，别再为他的死而悲伤了。"②

但这一轻率的结合仍然是男子同性情爱及其在古希腊社会被广泛接受的实践的典范。

运动与狩猎通常是这种情爱关系的舞台，它的基础一般是年长者对少年实施的教导。小菲洛斯特拉图斯描述过一幅展现阿波罗和许阿锓托斯这对情人的画作，③他的叙述尤其能说明这段关系的教导性质。这位诡辩者列举了阿波罗为了得到许阿锓托斯的芳心而做出的一系列承诺：他会教授许阿锓托斯音乐、预卜、运动，甚至会让许阿锓托斯驾驶他的天鹅车。他在一个被追求的少年能从追求者那里期待的好处上作了令人无法抗拒的发挥。

小菲洛斯特拉图斯记载了这样一幅画面：许阿锓托斯以被爱者常见的姿态依偎在阿波罗身边，眼睛害羞地看着地面，娇嫩的

---

① *Eromenos*，希腊语动词 *eran*（爱）的被动分词，与之对立的是后缀表主动的名词 *eraste*，指该组合中较年长的一方。
② 琉善，《诸神的对话》，14。
③ 小菲洛斯特拉图斯，14节。

身体半裸,四肢纤细,头发自额头垂下,扫过初生的柔须。这是一个 pais [古希腊语:儿童],meirakion [少年],嫩娃娃。

在这幅画和另一幅老菲洛斯特拉图斯[①]描述过的展现许阿铿托斯之死和悲痛的阿波罗的绘画上,还出现了另一个人物:西风之神泽费罗斯,他的太阳穴长有翅膀,头戴花冠——"他很快会把风信子花编入其中"。泽费罗斯看着许阿铿托斯和阿波罗,似乎在发笑。实际上,有一种传统认为,阿波罗掷铁饼的灾难性结局正是由泽费罗斯的风——既柔和又恶毒——导致的。据说他吹了一口气,改变了铁饼的轨迹,使它朝许阿铿托斯的方向砸去。这个替阿波罗开脱的版本引入了同性恋故事中的一个常见元素:情敌的嫉妒。英俊少年是众多年长者觊觎的对象。他们虽然有选择的权利,但就是在凡人世界里,事情有时也难免以悲剧收场。阿波罗作为奥林波斯十二主神之一,在追求许阿铿托斯这件事上轻而易举地击败了泽费罗斯。这让西风之神心怀怨恨,他掌控的风的力量足以带来可怕的后果。泽费罗斯以喜爱少男出名。在古希腊瓶画中,我们可以看到,如爱神厄罗斯一般长着双翅的泽费罗斯紧紧抱住一名少年,将他掳走(图版9)。在古希腊人的情爱观念里,他的行为实属正常,而在神话层面上,这同时也是对他母亲的行为模式的一种复制。泽费罗斯的母亲是女神奥罗拉,她同样喜欢少男的肉体。在图像资料中,奥罗拉和儿子泽费罗斯的形象交替出现(图版10)。为获取对象,二者都采取劫持的方式。他们的行为反映了在古希腊人看来爱情征服中暴力的一面,与之

---

① 《画记》,卷一,24 节。公元 3 世纪多名诡辩者都叫菲洛斯特拉图斯(Philostratus):老菲洛斯特拉图斯又叫利姆诺斯的菲洛斯特拉图斯,他是小菲洛斯特拉图斯的外祖父。小菲洛斯特拉图斯续写了他的作品,描述了一些或真实或虚构的画作。

相对的是说服，由女神皮托［Peitho，即古希腊语"说服"之意］司掌。① 这种策略采用温柔的话语……和礼物。装饰花瓶上的绘画展现了这两种策略。有些画着成年男性和少男之间，男人和女人之间，互送礼物以示殷勤；有些则画着使用强硬手段的暴力场景，比如某位神灵追逐一个男孩或女孩，他们就像被猎人追赶的猎物一样，即将遭遇毒手。

阿波罗和许阿锵托斯是一对模范恋人，许阿锵托斯也成了被爱者这一男性欲望对象的范例。② 在《真实的故事》中，琉善来到幸福岛，发现岛上众多已故的伟人中，苏格拉底在美少年的簇拥下欢宴，他看起来特别喜欢许阿锵托斯。据说，剌达曼托斯对此感到不快，威胁要将这个令人难以忍受的话痨赶出岛。③

宗教层面上，阿波罗和许阿锵托斯共同成为一项崇拜的对象。每年夏初，斯巴达人在拉科尼亚的阿米克莱举行许阿锵托斯节纪念英雄许阿锵托斯，盛大的祭祀活动持续三天。第一天，人们为许阿锵托斯之死哭泣；第二天便开始庆祝他的复生。人们颂扬阿波罗，向他献上赞歌、音乐和祭品。这一全国性的节日非常重要，以至于斯巴达人在外出征战时也会毫不犹豫地离开战场，回去庆祝。④

---

① 这种对立同样适用于政治领域及其他社会生活领域。
② 参阅贝尔纳·塞尔让（Bernard Sergent）的研究：《古希腊神话中的同性恋》(*L'Homosexualité dans la mythologie grecque*, Paris, Payot, 1984)；《古代欧洲成人式中的同性恋》(*L'Homosexualité initiatique dans l'Europe ancienne*, Paris, Payot, 1986)；《印欧民族的同性恋与成人式》（*Homosexualité et initiation chez les peoples indo-européens*, Paris, Payot et Rivages, 1996）。
③ 琉善，《真实的故事》，卷二，17—19。
④ 对于这一神话，有一个跟太阳相关的解读，参阅阿兰·莫罗（Alain Moreau）的《致命的掷铁饼者》(《Le discobole meurtrier》, *Pallas*, 34, 1998, p. 1-18)。"铁饼"（disque）或指日轮（disque）。

许多艺术品都呈现了这一主题。罗马时代一枚非常漂亮的宝石上刻有一个掷铁饼的竞技者，铭文明确地将其称为许阿铿托斯（图版2）。但是从古风时代［公元前8—前6世纪］一直到希腊化时代［始于公元前334年马其顿亚历山大东征，止于公元前30年罗马征服埃及托勒密王朝］，就已经有大量具象作品，瓶画、陶塑、石刻，展现了一个骑着天鹅或者驾着天鹅车的青年男子形象：这个人物，基本也可以认为就是阿波罗那位年轻的恋人。而另一些作品，我们提到过，展现一个长着翅膀的神，他或是在追逐一个少年，或是将少年紧抱怀中，携至半空，这一形象极有可能是泽费罗斯，美少年——其中就有许阿铿托斯——的劫持者。① 我们已经谈及菲洛斯特拉图斯祖孙描述的那两幅画。一幅展现的是死亡瞬间来临之前的恋人，另一幅展现的则是英雄之死和神的悲伤。这是所有画廊，哪怕是想象的画廊，按惯例都必须呈现的场面。普林尼就曾记载，画家尼喀阿斯［Nikias，公元前4世纪末期雅典画家］画过"一幅许阿铿托斯，非常讨奥古斯都［即屋大维，前63—后14，罗马帝国第一位皇帝］的欢喜，以至于他在攻占亚历山大城之后，带回了这幅画。后来被提贝里乌斯［前42—后37，罗马帝国第二任皇帝］供奉于他的神庙"。②

与许阿铿托斯相关的画作在古典时代之后依旧流行。美少年之死给许多欧洲画家带来了灵感，不论他们个人是何种取向。在他的《情迷意大利辞典》（*Dictionnaire amoureux de l'Italie*）中，多米尼克·费尔南德斯［Dominique Fernandez，1929—　，法国作家，曾

---

① 图版9。参阅 *LIMC*（古典神话网络图像辞典），搜索词条：Hyakinthos 和 Zephyros。
② 普林尼，《博物志》，卷三十五，131。

获1982年龚古尔文学奖。法兰西学院院士］称赞提埃坡罗［Tiepolo，1696—1770，意大利画家，威尼斯画派代表人物］尽管毫无疑问地痴迷于女性，却依然"如此有力、如此别致地歌颂了同性情爱"。提埃坡罗的《许阿锵托斯之死》创作于1752年，现藏马德里蒂森-博内米萨博物馆，该画是应日耳曼贵族威廉·弗里德里希·绍姆堡-利佩伯爵的订购要求而作，伯爵的情人，一位西班牙青年音乐家，当时刚刚去世。①

在提埃坡罗的画作上，铁饼被替换成了球拍、球和球网，它们是早期网球运动的装备。这项运动在当时已经非常流行，伯爵和他的情人便热衷此道。但它也有一定的危险性，有好几起出名的事故，因为皮制的小球极为坚硬，皮革绷得太紧（传说1606年在罗马，卡拉瓦乔就是这样失手致对手死命后潜逃的）。不过这一时代错位并不是提埃坡罗发明的。因为在《变形记》刊行于1561年的一版极为流行的意大利语译本中，译者乔瓦尼·安德里亚·德尔安圭拉拉［Giovanni Andrea dell'Anguillara，1517—1572，意大利文艺复兴时期诗人］被故事深深吸引，在掷铁饼这一情节之外，自行加入了一段激烈的网球比赛，篇幅还很长。从此，艺术家在处理这一主题时，根据所能看到的《变形记》的译本，就有了掷铁饼和打网球这两种选择②。提埃坡罗的这幅画，赏心悦目之余

---

① 参阅《詹巴蒂斯塔·提埃坡罗：威尼斯画展展品目录》(*Giambattista Tiepolo, Catalogo della mostra tenuta a Venezia*, Milan, 1996, p. 17-176)。根据其他材料，伯爵可能同时与音乐家的情妇，一名从维也纳带回的女歌唱家，生活在一起。这位伟大的人物——他同时还是一位军事防御战略的专家——就这样一下子找齐了他的达佛涅和许阿锵托斯：http://www.stilearte.it/quando-tiepolo……感谢乔万尼·卡雷里（Giovanni Careri）为我提供了线索。
② 法国瑟堡的托马·亨利博物馆藏有一幅《许阿锵托斯之死》，被认为是卡拉瓦乔的一位模仿者所作。画中许阿锵托斯的球拍掉落于地，阿波罗的球拍还拿在手里。

又令人困惑，许多细节或是蕴含典故或是留下谜团。画中潘神的雕像面带冷笑注视着许阿锵托斯的躯体，使人想起老菲洛斯特拉图斯笔下因为情敌阿波罗的痛苦而发笑的泽费罗斯。画面左侧身穿条纹长袍的旁观者，这个人会不会就是许阿锵托斯的父亲，斯巴达国王，被威尼斯画家提埃坡罗画成了东方人物的装扮？垂死的许阿锵托斯躺在一片偏红的黄色布料上，在古典色彩体系里，那正是"许阿锵托斯色"。① 伯爵的心爱之人自然不必真叫哈辛托［Jacinto，许阿锵托斯的西班牙语形式］。希腊神话中这一爱情模式依旧影响至深，随时会重新激活。

　　莫扎特谱写第一部歌剧《阿波罗与许阿锵托斯》时只有十一岁。出资委托他的是萨尔茨堡本笃会学院。脚本作者，鲁菲努斯·维德尔［Rufinus Widl，1731—1798，本笃会修士，学院教授］出于慎重，在故事情节里加入了一个女性角色。

---

① 根据《利特雷词典》的记载，始自16世纪。这同样是被命名为"许阿锵托斯石"（hyacinthe）的宝石（锆石）的颜色——这一命名应该更晚。至于黄绿鹦鹉——黄和绿是画中"父亲"长袍的颜色——这种鸟据说象征着尘世的享乐，很遗憾，并未被冠以"许阿锵托斯金刚鹦鹉"（ara hyacinthe）的名称；1790年，这一命名落到了毛色亮蓝的紫蓝金刚鹦鹉头上。为什么呢？因为"许阿锵托斯色"对应的颜色一直在变。它最初指紫红色，就像风信子的颜色。不过当荷马讲述雅典娜为使奥德修斯在瑙西卡亚面前表现得仪表堂堂，将头发披散在他前额（《奥德赛》，卷六，223行），他指的未必是这种颜色，可能是头发的形状——"卷卷的，像风信子那样"。

少女

  前面两个故事凸显出阿波罗这个雄性、男子、众神之中的佼佼者的双性恋倾向。

  基于达佛涅和许阿锓托斯这两个案例,可以将植物变形的神话故事分成两类,区分的标准是性别和结果,一类与少女相关,另一类与少男相关,少女变成树,少男变成花。

树之女
叙任克斯

  达佛涅故事的模式同样出现在叙任克斯(Syrinx)的故事里[①]。

[①] 奥维德,《变形记》,卷一,689 行起。

叙任克斯也不是一个普通的女子,她是河神之女,是水中的宁芙——介于人神之间,她们不像神一样永生,但是比人类寿命长。叙任克斯非常美丽,和她发誓侍奉的狄安娜一样美,她追求的是像狄安娜那样保持贞洁,像狄安娜那样狩猎。她很聪明,躲过了许多出没在阿卡迪亚森林里的好色之徒,不论他们是神还是萨梯里〔低级的森林诸神,半人半兽,极为淫荡〕……直到遇见潘神。潘可不是阿波罗,远远不是。半人半羊,脸是兽面,头上长有小角,潘是如此丑陋,以至于他的母亲在生下他之后被吓到,立刻弃他而逃。但是潘的父亲赫耳墨斯却很骄傲地向奥林波斯众神展示自己的儿子,引来众神大笑。潘的性欲很强,整日追逐一切活物:走兽、宁芙、猎人、牧羊人和牧羊女。当他看到美丽又纯洁的叙任克斯,便立刻冲上前去,紧追不舍,把叙任克斯逼到一条河边,叙任克斯走投无路,请求水府中的姐妹将她变形。潘以为自己抓到了叙任克斯,但他其实只抓到一把芦苇。这里要指出的是,在古希腊古罗马时代,芦苇被归类为树木。

奥维德写道:"当潘叹气时,空气在芦苇中的流动产生了一种微弱的声音,像是呜咽;这一奇特的技艺和温柔的声响令潘始料未及,他倾吐道:'以后我就这样与你交流吧。'"

潘将芦管切成不等长的几段,然后用蜡将它们粘在一起,做成了排箫(syrinx),或称潘笛〔一译牧神之笛〕,它成了牧羊人的乐器。这个释因神话实际上是一个有关发明的神话:芦苇是先于叙任克斯存在的,因为叙任克斯躲入了芦荡,化作芦苇混在其中,与芦林融为一体(图版6)。[①]

[①] 其他传说认为是赫尔墨斯、西勒尼,或演奏奥洛斯管的马尔叙阿斯发明了排箫。

当他吹动箫管，潘的呼吸穿透了叙任克斯的身体。虽然性行为是潘一贯追求并得逞的，但这项音乐活动不仅仅是其无邪的替代品。这也不是性欲在音乐中的升华。这是爱情结合的一种形式，在亲吻中，通过呼气。气，古希腊语 pneuma，承载并体现着生命能量，对于古希腊人来说，它与脑质直接相联，而精液就是从脑质中流出来的。气也是灵魂的载体。潘的爱情之气穿透宁芙重组的身体，并使她歌唱。①

根据希腊小说家阿喀琉斯·塔蒂乌斯［Achille Tatius，生活于 2 世纪或 3 世纪，《留基佩和克利托丰》是他存世的唯一作品］的说法，潘把这柄排箫供奉给了一座阿耳忒弥斯神庙，它在那里被用来检验女子的贞操。人们把少女和排箫关在一处，如果少女依然是处女，那么就会响起悦耳的排箫声，要么是潘吹响的，要么直接出自排箫的音乐之气。

阿喀琉斯·塔蒂乌斯还特别喜欢描述亲吻的魅力：还有什么比亲吻更美妙？爱情之举终有结束的时候，人们终将感到厌倦，但亲吻不同；亲吻既不会结束也不会令人生厌；亲吻总是新鲜的。有三样美妙的东西出自嘴巴：气、声音和亲吻。是嘴唇在亲吻，但快感来自灵魂。②

---

① 同样，得尔菲城阿波罗神庙的女祭司在预言时坐一把三腿金椅，她的预言来自阿波罗呼出的先知之气；参阅爱德华多·巴拉（Edoarda Barra）的《吹来恩泽》（En soufflant la grâce, Grenoble, Jérôme Millon, 2007)。芦苇主要被用来制作另一种管乐器——奥洛斯管，这种乐器有两根管子，在老菲洛斯特拉图斯笔下被与同性情爱场面联系在一起（《画记》，卷一，20、21 节）；年轻的吹管手在沉睡，一个萨梯里轻轻咬着他的奥洛斯管，目的是拔掉叫作"舌"（glotta）的簧片。西风之神泽罗斯也出现在这幅画里。但是在朗戈斯［Longus，生平不详，大约生活于 2、3 世纪左右］的作品中，是达夫尼斯充满爱意地亲吻了赫洛亚吻过的管子：《达夫尼斯和赫洛亚》，卷一，24。芦苇天生嘴快，弗里吉亚王弥达斯就吃了它们的亏：奥维德，《变形记》，卷十一，185 行起。
② 阿喀琉斯·塔蒂乌斯，《留基佩和克利托丰》，卷八，11—12；6，10；卷四，8，2—3；卷二，37。

忒奥克里托斯［Théocrite，约前 315—约前 250，古希腊学者、诗人，田园诗派的创始人］在其题为《排箫》的图形诗中——诗句一句比一句短，呈现出乐器的形状——提到了许多珍贵又神秘的神话典故，但没有提到宁芙叙任克斯及其变形。①

德律俄佩

德律俄佩（Dryopé）不再是一名少女。她没能逃脱阿波罗的强暴，生了一个孩子，但很幸运，她找到了一个好丈夫。她很开心，奶水很足。她抱着儿子散步，给他摘花。但当她从一株紫红色的忘忧树（lotos，如今的枣树或朴树）上摘花时，她看到血从花朵上滴落，树枝也在微微颤动。她不知道，那棵树本是宁芙洛提斯（Lotis）为了躲避普里阿普斯的淫欲所变。被吓到的德律俄佩打算逃走，却无法动弹。她的脚开始生根，树皮逐渐长高并紧紧包裹住她，她的头上布满了叶子，孩子感到母亲的乳房变硬，奶水也干涸了。德律俄佩变成了一棵忘忧树，但还有气力开口说话，叫乳母把孩子带到母亲的树荫下吃奶。

以上是奥维德的叙述，② 他在德律俄佩的故事中插入了同样变形为忘忧树的洛提斯的故事。不过洛提斯是为了躲避神的侵犯而变的形，符合标准程序——如果可以这样说的话。（奥维德在《岁时记》卷一 415 行提及一个传说，解释说之所以要把驴献祭给普里阿普斯，是因为那时西勒尼的坐骑不合时宜地叫了起来，

---

① 忒奥克里托斯,《铭辞》。
② 奥维德,《变形记》, 卷九, 330 行起。

惊醒了正要被他强奸的洛提斯。①) 而对于德律俄佩的变形, 诗人给出了一个新的原因。德律俄佩并非落单的处女, 而是一位母亲, 她在变形的时候周围有许多见证者。首先是德律俄佩的宝宝, 母亲的变形打断了哺乳; 其次是德律俄佩的姐姐, 她紧紧抱着德律俄佩试图延缓树干的生长, 但徒劳无果; 还有德律俄佩的丈夫和父亲, 他们到的时候只能听到德律俄佩的最后几句话和她的永别。故事的悲剧效果体现在了另一个层面上。

安东尼努斯·里贝拉里斯讲述了一个完全不同的版本。② 德律俄佩在为父王放羊时, 与一群树中宁芙一起嬉戏, 她们很喜欢德律俄佩, 和她一起跳舞。阿波罗在这群少女中注意到了德律俄佩, 渴望得到她。他变成一只乌龟, 被德律俄佩当作玩具; 随后他又变成一条蛇, 吓跑了宁芙, 肆意强奸了德律俄佩。德律俄佩很快就结了婚, 婚后生下阿波罗的儿子。这个孩子长成一个美男子, 为阿波罗修建了一座神庙。一天, 德律俄佩来到那座神庙, 树中宁芙"出于友情"掳走了她, 并在她消失的位置变出一棵杨树和一眼泉水。故事到这里还没结束, 因为有两个多嘴的女孩目睹了德律俄佩消失的过程, 到处讲述, 最终她们被宁芙变成了枞树。

德律俄佩的名字出自橡树, 希腊语 drus-druos。但是, "橡木小姐"德律俄佩并没有变成一棵橡树。奥维德说她变成了忘忧树——枣树或朴树, 安东尼努斯·里贝拉里斯说她变成了 *aigeiros*——黑杨(*populus nigra*)。而这两个版本又都包含着另

---

① 奥维德,《岁时记》, 卷一, 415 行。
② 安东尼努斯·里贝拉里斯,《变形文集》, XXXII, 据尼坎德洛斯。

一个变形故事。这是个非常有效的手法，它通过变形传染使神话故事变得更加丰富。在奥维德的叙述中，一开始德律俄佩生活得很美好。她是一个少女，被神灵爱上，接着怀了孕，诚然是因为被强奸，但她找到了一位丈夫以使状况合规并抚养她的孩子，后者将成为一个大家族的始祖——许多名门正是借类似的故事骄傲地宣称自己是神的后裔。到此为止，德律俄佩的故事可以列入主人公虽然历经一些磨难但最终迎来好结局的那一系列，如欧罗巴、伊俄、阿尔克墨涅……然而，从德律俄佩触碰忘忧树那一刻起，她的故事便与另一个系列有了关联，即达佛涅等拒绝了男性——包括男神——的少女的故事。她因为洛提斯的中介也遭受到变形的命运，从而实现了她的名字 Dryopé 所承载的可能性，[①]因为橡的称呼也可用于泛指树木和木材，我们会在后面的章节中谈到这一点。

在奥维德的作品中，洛提斯和德律俄佩的变形都符合规律：她们都变成了树。但在安东尼努斯·里贝拉里斯的作品中，情况就比较复杂了。德律俄佩消失了。这是一种通过移除和替换实现的 *aphanismos*。如我们已见，移除与替换这两种可能性相当于对事件的两种不同认知，它们是等价的。不过，这种消失版本将故事纳入另一系列，其中的人物不一定变成植物，也可以是矿物（比如阿尔克墨涅）或动物。而根据安东尼努斯·里贝拉里斯的描述，德律俄佩直接变成了宁芙。既然她的那些朋友是与树木同体的树中宁芙，我们可以猜测德律俄佩也同时原地变成了一棵杨

[①] 根据约翰·沙伊德和杰斯珀·斯文布罗的生成理论，见《乌龟和七弦——走进古代神话制造》。

树。在神话故事的逻辑里,一种结局并不排斥另一种。至于那些变成枞树的女孩,她们的故事也可归入另一个系列——多嘴者受罚,被变成石头(比如巴托斯)或动物(伽兰提斯被变成了伶鼬)[1]。德律俄佩的故事体现了神话体系的网状结构。不同神话故事之间相互关联,彼此交错,相互呼应,织成了集体想象的宏伟图景。[2]

赫利阿得斯姐妹

赫利阿得斯姐妹的故事又是另一种情况。[3] 她们是日神赫利俄斯的女儿,法厄同的姐妹。冒失的法厄同征得了父亲的准许,得以驾驶太阳车。但一段时间之后,奥维德写道,因为恐高,再加上被黄道宫中的动物吓到,法厄同失去了对太阳车的控制。离地太近,法厄同将骇人的火焰带到了地面上,为避免世界性的毁灭,宙斯不得不用雷电将他打入厄里达诺斯河,也就是如今意大利的波河,在那里,河中宁芙埋葬了他的残躯。法厄同的姐妹找

---

[1] 阿尔克墨涅死后,她的身体消失了,取而代之的是块石头。她作为赫拉克勒斯的母亲,被带去了幸福岛。巴托斯因为背弃诺言而被石化,他曾目睹赫尔墨斯偷阿波罗的奶牛,并且答应赫尔墨斯不说出这件事情。赫拉想阻止赫拉克勒斯的诞生,伽兰提斯惊破了她的法术,帮助阿尔克墨涅顺利分娩,因而被赫拉变成了一只伶鼬。

[2] 玛丽娜·布雷顿-夏布洛尔(Marine Bretin-Chabrol)在《阴性之树:宁芙、果实和语法学家》(《Des arbres au féminin: la nymphe, les fruits et le grammairien》, METIS NS10, 2012, p. 307‑327)一文中,以奥维德在词源学、原因论、语法类别以及性别认同界限方面的处理为视角,分析了德律俄佩和其他变形为树的故事。她得出的结论具有说服力,与我的结论有部分重叠。

[3] 奥维德,《变形记》,卷二,340 行起;菲洛斯特拉图斯,《画记》,卷一,11 节;西西里的迪奥多罗斯[Diodore de Sicile,活动于公元前 1 世纪的希腊历史学家],《历史丛书》,V, 23, 2—4;罗德岛的阿波罗尼俄斯[Apollonios de Rhodes,约前 295—约前 215,语文学家,史诗作家,曾担任亚历山大城图书馆馆长],《阿尔戈英雄纪》,卷四,603 行起。

到他的坟墓,为他补行葬礼。她们哭得悲痛欲绝,久久无法停息,以至于开始生根,身体被树皮、树叶和树枝所覆盖。她们的母亲为了阻止这一切,试图将她们从树干中拉出,然而只能使她们流血不止。"停下来吧,妈妈,求你了,你从树上撕扯下来的是我们的身体……泪水从她们的树皮上流下,新生的枝桠上流淌着琥珀,在太阳下变得坚硬。这些琥珀掉进清澈的河水,成为罗马女性的饰品。"奥维德没有给出这种树的名称,那是种杨树①,当时的传统认为它会分泌一种树脂,凝固后成为琥珀——古希腊语 électron,后来普林尼对这一信仰极为愤怒②。

这因而是个释因神话,它意图解释厄里达诺斯河据说盛产的琥珀的由来。这种物质在罗马经常被用来制作首饰,它们来自波罗的海,经由一条通往波河河谷的商道,传到了意大利,而波河两岸至今仍生长着杨树。这是该神话的现实基础。作为一个希腊神话,法厄同和太阳车在白日将尽时坠落的西方,正好就是意大利的方位。而太阳神的女儿流下金色的泪水也不足为奇。③

赫利阿得斯姐妹的故事还属于另一个类别,这一类故事里的变形是由无尽的哀悼造成的,然而这不符合当时的社会规范:守丧应该适时而止,在陪伴亡者一段时间后应该回归自己的生活。因此,这个神话与尼俄柏的故事类似,尼俄柏因孩子们的死痛不欲生,变成了一块永远在哭泣的岩石。

此外,我们或可指出,赫利阿得斯姐妹的故事是对哭泣之树的再现,正如柳树之于我们〔法语中,垂柳为 saule pleureur,直译即为

---

① *aigeiros*:菲洛斯特拉图斯,《画记》,卷一,11 节。指黑杨树,*populus nigra*。
② 普林尼,《博物志》,卷三十七,11,参见下文。
③ 罗德岛的阿波罗尼俄斯,《阿尔戈英雄纪》。

哭泣的柳树］。①

事实上，成排的杨树是一个具有"图像生成"能力的主题（当然，我们想到了莫奈［法国印象主义画家莫奈曾画过一个"杨树系列"，共23幅］）。菲洛斯特拉图斯记述了一幅画作，展现的是正在变形的赫利阿得斯姐妹。奥维德诗作的各种版本也很早就配上了精美的版画插图，画中有多排女孩们变形而成的杨树，整齐排列在法厄同坟墓的每一侧（图版5）。

变形成杨树并非罕见。前文提到过德律俄佩，迪俄帕特拉的姐妹也是如此命运。迪俄帕特拉是一个宁芙，波塞冬喜欢上了她。为了在占有她的时候不受打扰，波塞冬把她的姐妹变成杨树，扎根大地不得动弹。欲望一经满足，高尚的波塞冬便放了她的姐妹，把她们恢复成原本的样子。以上是安东尼努斯·里贝拉里斯的叙述。②出于同样目的，阿波罗吓跑了德律俄佩的女伴：他们用相反的方式粗暴地解决了烦人的女性抱团问题。

还有一些不太为人所知的女性人物变形成了各种各样的树。前面所提到的杨树是黑杨树，希腊语 *aigeiros*，拉丁语 *populus nigra*。白杨树同样出现在女子变形成树的故事中。白杨树是 *leukè* 或者 *populus alba*，它的希腊语名称来自海洋宁芙琉刻（Leuké）。琉刻被冥王普卢同［哈得斯的别名］劫持到了地狱。③她死后——宁芙并不能永生，普卢同在厄吕西翁［希腊神话中死后的

---

① 参见苏珊娜·阿米格翻译的泰奥弗拉斯托斯《植物研究》，卷一，2、3，及注释9。苏珊娜·阿米格认为动词 dakruo，哭泣，往往用来指树液的分泌。这是一种常见的隐喻，参见下文。
② 安东尼努斯·里贝拉里斯，《变形文集》，XXII。
③ 这个神话故事由维吉尔的评注者赛尔维乌斯［Servius，4世纪晚期罗马语文学者、作家］叙述，参见其对《埃涅阿斯纪》卷七61行的注释。

乐土〕变出一棵白杨树。赫拉克勒斯将这棵树带至人间,保留了它与丧葬之间的关联。

卡律阿(Karya)是拉科尼亚一个国王的女儿,被酒神狄俄尼索斯爱上,变成了一棵胡桃树,她的两个姐妹则被石化了。[1] 这一变形事件的原因我们尚不清楚,我们只知道它解释了胡桃树——希腊语 *karya*——的起源,以及与之相伴的某种阿耳忒弥斯崇拜的兴起。

潘神的另一个受害者是宁芙皮提斯(Pitys),她试图逃脱潘的强暴,富于同情心的大地便将她吞没,并在同样的地方长出了一棵松树——*pitys*。当北风之神玻瑞阿斯吹起风来,松树就会叹气。玻瑞阿斯是皮提斯的另一个追求者,是潘的情敌,他喜欢戴着松针编成的环冠。

被农神萨图尔努斯强奸的菲吕拉(Philyra)在生下马人客戎之后极度震惊,在她的主动要求下,她被变成了一棵椴树〔希腊语 *philyra*〕。她觉得自己生下的马人是个怪物,但客戎成长为一个智者,教育出许多英雄,尤其是阿喀琉斯和佩琉斯。[2]

阿喀喀利斯(Akakalis)变成了一棵柽柳,这种树也因此以她的名字命名,但在普林尼看来,它只能用来做扫帚。[3] 费利斯(Phyllis)因为盼夫不归而绝望,自缢而死,在她的坟墓上长出一棵没有叶子的扁桃树;普拉塔诺斯(Platanos)和厄拉特(Elaté)哀悼兄弟阿洛伊代之死不能自拔,分别变成了悬铃木和枞树,一

---

[1] 赛尔维乌斯,对维吉尔《牧歌》卷八 29 行的注释。
[2] 许金努斯〔Hyginus,约前 67—约后 17,拉丁语作家、语法学家〕,《传说集》,138;罗德岛的阿波罗尼俄斯,《阿尔戈英雄纪》,卷二,1230 行。
[3] 普林尼,《博物志》,卷十六,108,参见下文。

如法厄同的姐妹变成杨树……在这份清单里还可以加上一些更加不知名的女性人物，不过由于难以确定她们究竟变形为何种植物，径直归入树木变形的类别未免唐突。

米拉

奥维德称，米拉（Myrrha）的故事远比上述传说更可怕："比仇恨更可怕的爱"。[①] 故事发生在阿佛罗狄忒之岛塞浦路斯。米拉爱上了自己的父亲，国王喀倪剌斯。但是米拉的美貌吸引了许多追求者。当父亲问米拉想嫁给谁时，米拉干脆利落地回答说："像你那样的人。"对父亲隐秘的爱恋把她推向绝路。正要自缢时，她被乳母救下。米拉向乳母坦白了自己的畸形爱恋，乳母决定趁她母亲忙于准备地母节［古希腊祭祀丰收女神得墨忒耳的节日］庆典而不在的机会，隐瞒米拉的身份，安排她与父亲相会。米拉和父亲在黑暗中同床共枕，马上就怀孕了。这一罪孽的情爱关系持续了好几个晚上，直到有一天，米拉的父亲想知道自己的爱人是谁，命人取来灯火。他认出自己的女儿，惊恐不已，抽出利剑想杀死米拉。米拉逃跑了，为了不玷污人间和地狱，她祈求诸神让自己不生不灭。神满足了她的愿望：

> 土地盖住了米拉的双腿，她的指甲裂开了，树根从那里斜伸出来，支撑着细长的树干。米拉的骨头变成了木头，中

[①] 奥维德，《变形记》，卷十，298—502 行。安东尼努斯·里贝拉里斯书里的同一人物名叫斯米尔纳（Smyrna），见《变形文集》，XXXIV。

间保留着骨髓；她的鲜血变成了树液，她的手臂变成了大树枝，手指变成了小树枝，皮肤变成了坚硬的树皮［……］。米拉听任变化，她的脸被树皮吞噬。虽然身体失去了往日的知觉，但是她依然在哭泣，这棵树也渗出了温热的液滴［……］。她冠以这些液滴自己的名字，没药（myrrhe）从此永被传扬。

米拉的故事属于一个新的范畴。米拉是纯粹的人类，她的故事应称传说而非神话。但是，神参与了这个故事的结局：仁慈的大地女神使米拉长出树根，将她植物化了。而根据另一个版本，故事的开头同样有神参与，阿佛罗狄忒才是这场悲剧的始作俑者：米拉的母亲声称女儿的美貌超越了女神，阿佛罗狄忒为了报复米拉的母亲，便让女儿对父亲产生了致命的爱情。悲剧啊，为母者荒唐的自负。悲剧啊，为神者讽刺的正义，他们往往假罪人的亲属来施加惩罚。比如，帕西法厄因为丈夫米诺斯渎神而遭祸，施予米诺斯的惩罚就是要设法处理妻子生下的怪物孩子。在米拉的故事中，她被迫成了母亲的情敌。这一叙事中出现的几个传统主题值得注意。一是乳母的角色，米拉的乳母和费德拉的乳母一样，是怂恿主人公作恶的人；二是照亮不明身份床伴的灯火，和《阿摩耳［罗马神话中对希腊神话小爱神厄罗斯的称呼之一］与普绪刻的故事》里头发生的一样。但是米拉的情况完全颠覆了传统。通常，女孩变形以逃脱强暴，而这个故事中，最后变形的米拉远远不像传统故事中那样无辜。米拉遭遇变形的原因不是因为她拒绝被爱，相反，是因为她过分畸形的感情。米拉承认自己犯下了乱伦的过错，所以主动要求受到惩罚，变形成了没药树——

没药树的意涵和用途总是与香气和色情密切相关。故事到这儿还未结束，因为米拉怀孕了。她肚子里的孩子在树皮之下慢慢长大，树的中间部分开始鼓起，随后变得弯曲，树像产妇那样发出呻吟，最后裂开，生出一个美丽的宝宝。河中宁芙接住了这个孩子，将他放在柔软的草地上，用母亲流下的痛苦泪水，也就是没药树脂为他清洗。这个孩子就是阿多尼斯，他将成为"花男"的一员。

少男

克罗科斯

阿波罗的爱人许阿铿托斯是少男花卉变形的代表人物。有一人可与之并论，那就是克罗科斯（Crocus），赫耳墨斯——罗马神话中称作墨丘利——的爱人。同样是在掷铁饼的时候，克罗科斯被赫耳墨斯失手所伤，变成了番红花（crocus），一种诗歌和现实里都很常见的植物。在希腊，一到春天，盛开的番红花漫山遍野，其中可用于烹饪和染色的品种尤为名贵。番红花的情色含义不逊于风信子。而且克罗科斯与神游戏、华年夭折的同性情爱背景，与许阿铿托斯的故事类似，只是后者的故事细节上丰富许多。

事实上，克罗科斯的这个故事并非来自诗人的讲述，而是来自希腊医学家盖伦。[1] 奥维德只在一行诗里把克罗科斯的名字简单带过，并和少女斯弥拉克斯（Smilax）联系在一起。我们知道斯弥拉克斯变形成了穗菝葜（smilax），就是俗称的棘旋花。[2] 但这句诗语焉不明，我们不太清楚克罗科斯的死后变形，究竟是因为爱斯弥拉克斯，还是因为试图逃离斯弥拉克斯的求爱，后一种可能性将使其被爱者、欲望对象的人物形象更为女性化。时代稍晚的诗人诺诺斯［Nonnos de Panopolis, 公元 5 世纪希腊语诗人］偏向于前一种克罗科斯主动求爱不成的版本，把他形容为"恋爱之花"，希腊语 anthos erotôn。这个表达在两类恋爱中都适用，但还是更常见于同性场景。[3]

总之，克罗科斯变成了一朵鲜艳的花。他的故事可能是以许阿铿托斯的故事为模板建构的，但与许阿铿托斯相比，他的形象很单薄，性向太模糊。

阿多尼斯

阿多尼斯是米拉的儿子，他自没药树膨胀的树干中降临于世，也是"花男"的一员。[4] 这个父女乱伦之恋生下的孩子是如此美丽，以至于维纳斯，也就是希腊神话中的阿佛罗狄忒，一下

---

[1] 盖伦，《希腊医生的断简残篇》（Fragments des médecins grecs, Kuhn 13, p. 269）；另参阅赛尔维乌斯对维吉尔《农事诗》卷四 182 行的注释。
[2] Et Crocon in parvos versum cum Smilace flores（还有变成花朵的克罗科斯和斯弥拉克斯），奥维德，《变形记》，卷四，283 行。
[3] 诺诺斯，《狄奥尼西卡》（Dionysiaca），卷十二，86 行。约翰·沙伊德和杰斯珀·斯文布罗在《乌龟和竖琴》（同前，p. 85 起）中对这个神话作了解读，见下文。
[4] 奥维德，《变形记》，卷十，728 行起；《岁时记》，卷五，227 行。安东尼努斯·里贝拉里斯《变形文集》XXXIV 称阿多尼斯在母亲变形之前就出生了。赛尔维乌斯对《埃涅阿斯纪》卷五 72 行的注释则称，斯米尔纳的父亲用剑将树皮劈开，阿多尼斯随之诞生。

就爱上了他，把他纳为自己年轻的情人。也有传说称，阿佛罗狄忒最初是将阿多尼斯藏在一个箱子里，托付给冥后佩耳塞福涅——罗马神话里称普罗塞耳皮娜，让她把阿多尼斯藏在冥界。但是佩耳塞福涅也迷上了阿多尼斯，不愿交还。阿佛罗狄忒向宙斯告状，宙斯最终决定阿多尼斯每年三分之一的时间属于阿佛罗狄忒，三分之一的时间属于佩耳塞福涅，剩下时间由他自己支配，不过阿多尼斯选择和阿佛罗狄忒一起度过属于自己的那三分之一的时间。

这样一来，阿多尼斯每年有三分之二的时间和爱与美的女神阿佛罗狄忒一起度过。阿多尼斯是年少、温柔，讨女性欢心的未成熟情人的典范。因为在希腊人看来，有女人缘的男性总是多少带点女气，一如引诱海伦的帕里斯。就好像人只爱与自己相像的人。

阿佛罗狄忒对阿多尼斯的爱，与宙斯对伽倪墨德斯的爱，构成一种对称。至少在一定程度上是这样。迷恋少年的阿佛罗狄忒似乎体验了女版的"少男之爱"。宙斯为使伽倪墨德斯永远保有青春期之前的模样，终止了他的生长，但阿佛罗狄忒并没有这样做。在忒奥克里托斯的诗歌《叙拉古女人或阿多尼斯节》中，这位"双臂柔嫩如蔷薇"的美男子——诗人用类似描写俊美男童的辞藻称颂他——已经到了十八九岁临界的年龄。他是女神年少的丈夫。"他的亲吻并不扎人。他的唇边仍是金色细茸。"[①] 阿多尼斯要么正处在成年的门槛上，要么就是已经跨过。

[①] 忒奥克里托斯，田园诗第十五首《叙拉古女人或阿多尼斯节》。阿多尼斯是年少的新郎，希腊语 *gambros*，129 行。

事实上，阿多尼斯和所有少年一样，也得去狩猎。这是他们的必修课，很是危险，阿佛罗狄忒对此十分担心。生怕出意外，热恋的女神千叮万嘱，告诫阿多尼斯要小心。然而意外还是发生了。阿多尼斯冒失地追逐一头野猪，并将其刺伤。被激怒的野猪回身冲来，阿多尼斯试图逃跑，但野猪还是追上了他，獠牙挑破他的肚腹。偏偏这时，女神远游巡视自己的神庙去了。她在途中听到了垂死之人的呻吟，驾着天鹅车赶紧折回，可等待她的只有爱人最后一声叹息。为了永远铭记她的悲痛，阿佛罗狄忒使阿多尼斯的鲜血中生出一朵花："一朵血红色的花，一朵寿命很短的花［……］它因为轻盈而极为脆弱，它随风而落，风赠予它名字。"这就是银莲花（anemone，风在希腊语中为 anemos）。奥维德把变形过程写得如同魔法一般：女神将芳香的仙露倒在阿多尼斯的鲜血上，血液开始沸腾，一小时后开出了一朵血红色的花。

如同许阿铿托斯，阿多尼斯也是世人敬拜的对象。但阿多尼斯节与斯巴达英雄的节日大不相同，也与祭祀得墨忒耳的地母节大相径庭。地母节在冬季举行，只有贤妻良母可以参加——别忘了，阿多尼斯正是肇胎于发生在地母节期间的乱伦。人们在盛夏庆祝阿多尼斯节，古人认为酷暑会使女性魅力得到释放。参加庆典的人员尤其包括受阿佛罗狄忒庇佑的风尘女子，她们会为阿多尼斯之死哭泣，并和情人们大吃大喝。她们会在屋顶上临时摆放一盆盆泥土，秧苗在其中发芽生长几天后就会被烈日灼晒而死。这种栽培称作"阿多尼斯花园"，极易衰败，无法成活，是阿佛罗狄忒那不成熟的爱人短暂一生的再现。苏格拉底在关于爱与美的对话《斐德若》中，以农业播种作比，对培育适当言辞的问题进行长篇探讨，也提到了这些荣枯转瞬的小花园。①

那喀索斯

在众多变成花的年轻人中，最著名的毫无疑问是那喀索斯（Narcisse）。他的故事尤其因《变形记》而广为流传。② 但与奥维德同时代的一名希腊作家把这一传说的脉络简略概括了一下：

> 在波奥提亚的塞斯皮亚，那儿离赫利孔山不远，有一个美少年，他瞧不上厄罗斯，拒绝了所有爱上他的王孙公子。求爱者们只好放弃，除了一位，阿美尼亚斯（Ameinias），他执意追求不休。那喀索斯不但不理会，反而给他送去一把剑。阿美尼亚斯来到那喀索斯门前自尽，死前恳求厄罗斯为他报仇。结果，那喀索斯看到自己映在泉水中的美丽脸庞，莫名其妙地爱上了自己，成了自己第一个也是唯一的恋人。最终，那喀索斯陷入绝望，他意识到这般痛苦是对他拒绝阿美尼亚斯求爱的惩罚，于是便自杀了。发生这件事后，塞斯皮亚的居民决定加大对厄罗斯的崇拜，侍奉他，为他献祭，不论是公开典礼还是私下。他们认为水仙花（narcisse）诞生自塞斯皮亚，因为那喀索斯的鲜血洒在这片

---

① 马塞尔·德蒂安（Marcel Detienne），《阿多尼斯花园》（*Les Jardins d'Adonis*, Paris, Gallimard, 1972）；柏拉图，《斐德若》，276b；另参阅普林尼，《博物志》，卷十九，49。
② 奥维德，《变形记》，卷三，340 行起。

土地上。①

这个故事框架堪称标准范本。那喀索斯拒绝了爱情,这是对爱神厄罗斯这位最强大的神灵的冒犯。必须要回应爱情,所以厄罗斯的扈从中才有一位次要的神灵安忒罗斯,希腊语 *Antéros*,执掌"回应之爱"。蔑视神灵是 *hubris*,是傲慢与亵渎。讽刺的是,惩罚与过失对称且相反,就像是水中的倒影。拒绝打开心门与他人建立相互关系(réciprocité)的那喀索斯受到了反噬,被幽禁在与自身的自反关系(réflexivité)中。在这个只涉及少男之爱的原始版本里,那喀索斯的行为把同性爱欲推向了巅峰,变成了自我爱欲。爱同类变成了爱自己。奥维德大大扩展了这个故事。在他的版本中,那喀索斯既吸引少男也吸引少女,却拒绝了他们所有人,因此对厄罗斯的冒犯无以复加。不过最终那喀索斯还是爱上一个少男,他自己。对于这个爱人,这个水中的倒影,这个分身,这个"被爱者",他扮演着 *éraste*,即主动追求的"爱者"的角色。

总而言之,水仙花诞生的背景是男子同性情爱,诞生的地点是那喀索斯自尽,或因爱而不得枯竭而死,或因试图与欲望对象相会溺水而亡的地方。奥维德叙述道:"在尸体的位置出现了一朵花,深黄色的花心,围着洁白的花瓣。"按照奥维德的叙述,水仙花的出现更像是一种替代,而不是变形。或者,就算发生了

---

① 科农〔Conon,希腊神话编纂家〕,《故事集》(*Narrations*),24;这一梗概传留至今全靠了公元九世纪可贵的编纂者、君士坦丁堡宗主教佛提乌〔Photius,约810—约895,东正教圣人,被认为是东西罗马帝国教会分裂的发起者。同时也是中世纪拜占庭最伟大的学者,曾将其对除诗歌外280种古希腊文学著作的摘录与评析编成《群书辑要》(*Bibliotheca*),是今人了解科农《故事集》等若干古典著作的唯一渠道〕。

变形，又或者花从血泊里冒出来，也没人在场，包括诗人在内。

奥维德虽然将故事设置在男性逐猎少男的框架中，但加入了厄科（Écho）这一人物，强化了异性恋的比重。厄科是个宁芙仙女，曾在朱诺跟前喋喋不休地讲话，耽误了朱诺捉奸，没能当场捉住朱庇特出轨。这也导致她被朱诺惩罚，从此只能重复别人话语的最后几个音。厄科爱那喀索斯爱到发狂，使他产生错觉，以为水中的倒影回应了自己。那的确是与他成双的倒影，不过是声音的倒影。厄科因思慕过度日渐枯竭，变成了一座山崖，会产生回响——这就是回声（écho）。奥维德的"创造"符合古希腊原子学说比对视觉和听觉得出的科学理论。[1]

但是，奥维德最大的创新是残忍地让那喀索斯认识到自己的错误：*Iste ego sum*，"我就是那个你"——那喀索斯最终承认了这一点。他意识到这段虚幻的相互关系——"我和你"，实际是"我和另一个我"的自反关系。但为时已晚。另一个他俘获了他的心，最终将他带入冥界，在那里，奥维德写道，他仍然向斯梯科斯河［九条冥河之一］中寻找自己的倒影。因为希腊语中一个指倒影和图像的单词 *skia*——拉丁语中的 *umbra*，同样也指鬼魂。那喀索斯死了，带着对爱上自己一事的清醒认识。奥维德创造了自恋。但很快，这个神话就被颠覆：爱上自己本是对那喀索斯的惩罚，可到了新柏拉图学派那儿，爱上自己成了那喀索斯的过错。也就是说，在奥维德的原始版本中，那喀索斯错在不爱任何人，坏了爱神厄罗斯的规矩。而现在，只爱自己成了他的过犯。

---

[1] 参阅弗朗索瓦丝·冯蒂希-迪库《眼睛和镜子》（«L'œil et le miroir»）一文，收于弗朗索瓦丝·冯蒂希-迪库和让-皮埃尔·韦尔南（Jean-Pierre Vernant）合著的《在镜子的眼睛里》（*Dans l'œil du miroir*, Paris, Odile Jacob, 1997）一书。

那喀索斯的传说还有另一个传统，见于公元初希腊作者保萨尼亚斯［Pausanias，约115—约180，旅行家，地理学家］的记载。保萨尼亚斯被认为是理性主义者，在他看来，若说一个少年人无法分辨真实存在的人和水中的倒影，这不太可信；他提出了另一个版本："那喀索斯有一个双生姐姐；无论从哪方面来看，姐弟俩都非常相似，他们有同样的头发，穿着同样的衣服，一起去狩猎。那喀索斯爱上了自己的姐姐，但少女去世了。于是他经常往泉水边上跑，他很清楚看到的是自己的倒影，他知道这一点，但他还是想象看到的不是自己的倒影，而是姐姐的形象，从而稍稍缓解哀痛。"[1]

在这段叙述中，自反关系被一种并不真正具有开放性的相互关系所替代。这是一段近乎乱伦的爱，那喀索斯爱上了孪生姐姐，那是他的另一个自己，一开始、出生前就存在的另一个自己。诚然，他们之间是异性恋，但他们的性别差异被姐姐的男性化行为抵消甚至是否定了：姐姐的穿着打扮很像弟弟，她和弟弟一起去狩猎，而狩猎本是禁止女性参加的。由此，双胞胎姐姐成为完美的另一个自己，因为倒影呈现的是原件的镜像。那喀索斯可以试着通过自己的映像追寻姐姐。

这个版本的那喀索斯没有上当，是他自己心甘情愿地寻求幻象，就像是用麻醉品来抚慰悲伤。事实上，古希腊人认为水仙花浓烈的香味有安定作用。他们在水仙花的名称（narcisse）和指代麻痹的单词 *narké*——法语里 narcose（麻醉法）和 narcotique（麻醉剂）的词源——之间建立了联想。

---

[1] 保萨尼亚斯，《希腊志》，IX，31，8。

水仙花这种近乎催眠的"效用"很早就记录在科瑞［Coré，即佩尔塞福涅］的故事中——一个十足异性恋、以缔结夫妻为终局的故事。① 宙斯为了帮助哥哥冥王哈得斯掳走甥女科瑞，也就是他们的姐姐得墨忒耳的女儿，在外甥女和同伴玩耍的草地上变出了一朵无人见过的花，它"光芒四射，使所有见到的人都为之震惊［……］花球的芳香使浩瀚苍穹都为之微笑。女孩心旷神怡，伸出双臂摘取这个美妙玩物［……］但是大地突然裂开"，为冥王抢亲的车驾辟出道路。水仙花，是为了施计诱捕年轻的神女科瑞而发明，它之所以有效是因为它引人痴迷，一方面是视觉上，就像在那喀索斯的故事里，正是视觉痴迷导致了他的死亡，一方面是嗅觉上，闻到它的香气就像吸入了麻醉剂。

那喀索斯故事的结局对宗教产生了影响：科农指出，塞斯皮亚的居民决定加大对厄罗斯的崇拜。塞斯皮亚厄罗斯神庙的香火直到公元 2 世纪仍旧不衰。普鲁塔克就曾在婚后不久携年轻的妻子于厄罗斯节期间去了那里，向厄罗斯献祭。献祭之后，他又和一群朋友一起去了赫利孔的缪斯神庙，在那里讨论爱情，就像从前苏格拉底和他的弟子们那样。他们的讨论尤其涉及这样一个问题：爱少男和爱女人，两者各有什么优点。②

---

① 《荷马颂歌·献给得墨忒耳》，I。
② 普鲁塔克，《情爱篇》（*Erotikos*）。对于波奥提亚和埃维亚岛上与那喀索斯的英雄崇拜有关的多个地点，请参阅德尼·克内普夫勒（Denis Knoepfler）的《那喀索斯的国度》（*La Patrie de Narcisse*, Paris, Odile Jacob, 2010）。

树之男与花之女

库帕里索斯

任何规则都有例外。尤其是神话故事的规则，它们本就是用来探索各种可能的。植物变形的少男变成花卉，少女变成树木，但这一规则被一些反例或性别特征模糊的情况所打破或修正。

少男方面，阿波罗的另一个恋人库帕里索斯（Cyparissos）变成了柏树。这一变形是神应其所请而施予他的恩惠。库帕里索斯特别珍爱一头高大驯顺的鹿，这头鹿自出生起便得到了科斯岛居民的疼爱。他时常抚摸鹿颈，用项链和珠宝装饰鹿角。他和鹿一起玩耍，为它编花冠，坐在它背上去散步。一天，这头鹿累了，正卧在草地上休息，库帕里索斯不小心用标枪伤到了它，令它伤重身亡。这是一场吊诡的狩猎事故，因为事故里的受害者鹿本就是猎人寻常的猎物。猎人阿克泰翁变形为鹿被自己的猎犬分食的故事表明，如有需要，鹿随时可以经历此类悲剧性的反转。

库帕里索斯无比悔恨自己的失误，大鹿之死让他痛不欲生。他不理会阿波罗的劝慰，只求为鹿永远服丧。他如愿以偿："他的四肢开始变绿，头发竖立起来，直挺挺地指向天空，阿波罗说：'我们将为你哭泣，你将为他人哭泣，陪伴那些痛苦之人。'"① 库帕里索斯的故事中，爱者与被爱者之间出现了第三者。爱情二重奏变成了三重奏，神人之恋里融入了一个动物伴侣。人类和家畜——马、猎犬，甚至耕牛——形成亲密关系实属平常。② 至于被驯服的野兽，它们可作为爱情的馈赠，一方面象征狩猎——男性少年时代的学习课堂之一，另一方面，更主要的，象征爱情征服，爱情被想成是一种以捕捉或驯化为目的的逐猎，猎物可以是男性，也可以是女性。大量彩绘陶瓶上都描绘了这种礼赠场景，要么是少男被赠送的野兔或小鹿所吸引，要么是女子被各种各样的飞禽所环绕。但因为失去熟悉的动物而悲痛难过的一般是女性。歌唱那些为亲密的小鸟之死而哭泣的女孩——未必没有影射——是拉丁诗歌的一个 *topos*［拉丁语：文学主题］。库帕里索斯的行为、习惯和品味强化了他在同性情爱关系中被爱者身份的潜在模糊性，使他更加女性化。他并没有像许阿铿托斯

---

① 奥维德，《变形记》，卷十，109 行起。
② 我们想到了感人的阿尔戈斯，它是奥德修斯的狗，才见到消失了二十年的主人便死去了（《奥德赛》，卷十七，290 行起）；还有亚历山大大帝的爱马布希发拉斯。至于牛，以及用牛牲所带来的问题，参阅让-路易·迪朗（Jean-Louis Durand）的《古希腊的献祭与耕作》(*Sacrifice et labour en Grèce ancienne*, Paris/Rome, La Découverte/École française de Rome, 1986)。

和克罗科斯那样掷铁饼。至少奥维德没提。奥维德也没写他是否像那喀索斯和阿多尼斯那样去狩猎，尽管给了他一柄标枪。库帕里索斯带着鹿去散步，和鹿一起玩耍，采摘花朵，为鹿编花冠。这幅美妙的画面使人想起少女欧罗巴，她在海滩上与一头白色公牛亲近，后来一坐上牛背就被这头牛带走了。

库帕里索斯的过度悲伤更是使他进一步向女性靠拢。他的情形类似赫利阿得斯姐妹，她们为兄弟法厄同之死痛哭不止，虽然无度，但是符合社会首先赋予女性的宗教职责。面对亡者，呜咽、哭泣由女性开始。抓扯胸膛、撕破衣衫、在身上洒满灰烬陪伴逝者的也是女性。悲悼的这些仪式性展现不需男性涉足，且应遵守一定时限。

在维吉尔的《埃涅阿斯纪》中，诗人赋予少女希尔维亚类似的痛苦。希尔维亚的父亲为图尔努斯王看管畜群，希尔维亚非常喜爱其中一头鹿，而这头鹿却被年少的阿斯卡尼俄斯无意间杀死。这件事引发了农民暴乱，加剧了图尔努斯与埃涅阿斯之间的战争。所有人都喜欢这头鹿，它自幼便被驯养，由希尔维亚负责照料，正是希尔维亚的绝望激起了公愤。[①] 提到这些并不是要解释为什么库帕里索斯没有像其他少男一样变成一朵花，也不是要解释为什么柏树不是诞生自一个少女，而是要探究产生这一颠倒的想象与心理背景。

关于这种丧葬之树的出现，维吉尔作品的注释者赛尔维乌斯记述了另一个版本。库帕里索斯是一个非常纯洁的美少年，他为

---

① 维吉尔,《埃涅阿斯纪》,卷七, 483 行起。当今时代也有类似反应,参阅 2011 年 8 月 6 日《尼斯晨报》(*Nice Matin*) 对于格雷奥利埃滑雪场吉祥鹿格雷古瓦被杀事件的报道。

了躲避阿波罗和泽费罗斯的追求,逃亡到叙利亚,在那里变成了柏树。显然,达佛涅的这个副本是个"假姑娘"。被追求的少男可以矜持一些,哪怕为了抬高自己的身价。但最终,他应该老老实实地接受求爱者的请求,对厄罗斯作出回应。库帕里索斯没有遭遇那喀索斯的命运。他那女性化的性情让他变成了树,与那些逃离爱情的少女同一结局。

还有一些男孩也变成了树。他们是普利亚的牧羊人。一天,这群牧羊人看到起舞的田间宁芙,不满足于驻足欣赏,他们竟称自己跳舞跳得更好,并向宁芙们发起挑战。自然,牧羊人粗野的舞蹈无法与宁芙的曼妙舞姿相媲美。赢了他们还不够,为惩罚这群不知天高地厚的家伙,宁芙还把他们变成了树,品种不详。"到了夜间,在宁芙神祠附近,至今还能听到从树干中发出声音,像是呻吟。"这群鲁莽的牧羊人是因为想要学女孩的样儿,像她们一样跳舞,才被变成树的吗?奥维德在叙述这个故事的时候只单独写了一个人物,一个粗汉,一个出场时把宁芙们吓跑的牧羊人;不过镇静下来后,她们又回来"围成一圈有节奏地舞了起来"。粗人嘲笑她们,试着模仿她们,笨拙地跳来跳去,言语污秽不堪。"突然,一棵树把他的声音堵在嗓子里,因为他变成了树。"奥维德指明这是一棵野橄榄树,"它的果实和他的言语一样苦涩"。这种树在拉丁语中叫 *oleaster*,非常特殊的是,它是阳性名词。[1]

以上就是树之男。有花之女吗?

---

[1] 安东尼努斯·里贝拉里斯,《变形文集》,XXXI;奥维德,《变形记》,卷十四,515 行起。

克吕提厄

奥维德叙述了克吕提厄的故事。① 这一女性人物后来在太阳王时期的法国很出名。② 钟情神话题材的画家让-弗朗索瓦·德·特鲁瓦 [Jean-François de Troy, 1679—1752, 生前被誉为法国最重要的历史画家之一] 和夏尔·德·拉福斯 [Charles de La Fosse, 1636—1716, 18 世纪初最重要的法国画家之一] 把克吕提厄画成爱上阿波罗, 最后变成了向日葵。他们全都画错了。首先是因为向日葵要到美洲新大陆被发现后才引入欧洲。其次, 根据奥维德的记载, 克吕提厄是日神赫利俄斯的情人, 而不是阿波罗的情人。赫利俄斯对美人琉科托厄一见钟情, 克吕提厄受了嘲弄, 被抛弃。她妒火中烧, 向琉科托厄的父亲揭发了此事。这个东方的暴君, 他活埋了自己的女儿——被奸污是她的"罪名"。绝望之下, 日神试图将情人复活, 但不过是徒劳罢了, 于是他将琉科托厄的尸体变成乳香木, 直冲天际。赫利俄斯再没回到克吕提厄身边。"不幸的人反复回想她的情爱, 坐在地上, 不修边幅, 不吃也不喝, 抬头望着日神的脸, 他到哪里就望到哪里。她日渐衰竭, 四肢固定在地", 一动不动地躺着, "倒在尘埃"。③ "她的肤色有一部分变得苍白, 成了毫无血色的枝条, 一朵血红色的花盖住她的脸, 看起来很像堇菜花。"这朵奥维德没有点明的花是天芥菜, 这种植物像向日葵

---

① 奥维德,《变形记》,卷四,190 行起。
② 莫里哀《无病呻吟》(第二幕第五场),托马·迪亚弗用这个故事来讨美丽的安琪莉可的欢心:"博物学家说名为天芥菜的花不断转动,总是朝向那昼间的恒星,我的心从此也将朝向你可爱双眸的璀璨星河日夜转动,就像朝向唯一的天极。"
③ 指代地面的词语出现了三次:第 261、264、266 行;见下文。

那样总是朝向太阳，它的叶子会随太阳的方位转动。克吕提厄不是一个胆小受惊的处女，也不是一个对孩子充满柔情的年轻母亲，而是一个绝望的情人。她和最耀眼的神之间有过爱情，她不愿放弃。一个人类女性爱上了神，这在所有人神之恋中绝无仅有。因为不管是神还是人，表达欲望的主体绝大部分都是男性。只有几个女神可以像男性那样求爱，如阿佛罗狄忒和奥罗拉。克吕提厄不寻常的故事弥补了神话里此类组合的一个空白。

我们可以思考一下克吕提厄到底有什么过错。出卖了情敌？那是疯狂的爱引导她这么做的。和其他遭遇变形的人一样，她最大的错在于被神选中，在于她回应了神的爱，不愿放弃，从而非常无意地打破了神域和人世之间的界限。但是，克吕提厄没有像美男子那样变成一朵绚丽夺目的花，而是蜷缩在一株不起眼的、甚至是匍匐的植物里，开着淡紫色的小花。[1]

树与花之男：阿提斯

在《变形记》中，奥维德只是简略提到阿提斯（Attis）"离了人形，硬化为树干，变成一棵昂首挺立、发针绵密的松树，为众神之母库柏勒所钟爱"。当俄耳甫斯弹起竖琴，一些树木闻声而来，其中就有松树。不过在《岁时记》对库伯勒崇拜的介绍中，诗人的讲述就详细许多。库柏勒本是弗里吉亚神灵，后来被融进希腊北部和罗马的民间信仰。让我们抛开这一著名崇拜的复杂历史，仅研究与我们的主题相关的内容，即变形和变形的背

---

[1] 现代人工驯化的天芥菜原产美洲，比原生于地中海周边的欧洲天芥菜更鲜艳；见下文。

景。这次的背景同样与情欲有关。阿提斯是一个非常英俊的少年，他在森林里被"头戴塔冠"① 的女神、强大的库柏勒看上。阿提斯可谓另一个阿多尼斯，唯一区别在于库柏勒的爱是纯洁的：她占有阿提斯是要他来自己的神庙侍奉。她让阿提斯发誓效忠于她、为她守贞。阿提斯照办了，但后来违背了自己的誓言，失身于一个林中宁芙——同时也是水神。库柏勒大发雷霆，杀死了宁芙和她的树，让阿提斯发了疯。阿提斯在山间流浪，最终自我阉割："啊！毁了我的那部分去死吧"，他大叫着"切掉两腿间的赘物"。阿提斯的这种阉割冲动似乎是遗传的。他的母亲，名叫娜娜的宁芙，因为吃下一棵石榴树的果实才怀上了阿提斯这个漂亮的孩子。而这棵石榴树是一个雌雄同体的怪物被去势时落下的渣滓所化，这个怪物名为阿格狄斯提斯（Agdistis）……是宙斯本人爱上了大地女神，在睡梦中使她受孕所生。考虑到这位称作 *Magna Mater* ［拉丁语：大母神］的大地女神——又名库柏勒——是众神之母，宙斯对她的欲望实是乱伦之欲。这个复杂的故事还有很多其他版本，② 此处不再展开。阿提斯没有变成祖先那样的石榴树，而是变成了松树，他切下的性器官被库柏勒仔细包好埋入地里，长出了堇菜花。这段故事来自皈依基督教的拉丁修辞学家亚挪比乌［Arnobius，约260—约327］。不怀好意，这位学问家意图揭露"多神"宗教的下流和疯狂，但他并没有捏造。他只作转述。总之，库柏勒把堇菜花花束挂在松枝上。阿提斯的二

---

① 这位强大的弗里吉亚女神总被描绘为头戴极高的、齿状边缘的冠冕，故有此形容。
② 参阅米歇尔·梅斯兰（Michel Meslin）的文章《阿格狄斯提斯或情感教育》（«Agdistis ou l'éducation sentimentale», *Bulletin de l'Association Guillaume Budé*, 38, 1979, p. 378-388）。

元结局反映了主人公自宫后的双重性。甚或这种双重性早已存在（前文简述了他的家族谱系）。诗人卡图卢斯［Catullus，约前84—约前54］提到阿提斯，时而用阳性，时而用阴性："我现在是女人，我曾是青年汉、美少男、小孩童，是体育学校之花，是凯旋的力士。"①

库柏勒宠爱阿提斯，因为他还是个孩子，拉丁语 *puer*，希腊语 *pais*，小小少年，他当然在成人过程中，但仍未定型。女神要求他停留在这个阶段。但与宁芙的邂逅把他变成了一个男人，对他的惩罚又把他置于女性境地。"他蔷薇花一般的脸颊上没有一丝青毫，他的声音很尖。"②缺乏男性特征被视作女性化。女人被认为是不合格的男人。这是一种广为流传的观念。比如亚里士多德就这样想，但古典时代的医生并不都认同这一点。变成"女人"的阿提斯注定将变成一棵树。拉丁语里松树是阴性的。但是阿提斯切下的男性生殖器却开出了一朵花（我们想到阿佛罗狄忒以类似的方式诞生自乌刺诺斯被切掉的性器官）。由是，他可以和那些被神宠爱但英年早逝的少男归为一类。不过语法层面上，和水仙花、番红花以及风信子这些阳性名称不同，堇菜花在拉丁语中是阴性，*viola*，在希腊语中是中性，*ion*。中性（neutre），即 *ne-utrum*，非此非彼。比起并非原生的阴性，中性更能反映亦树亦花的阿提斯的处境。

从腓尼基的希拉波利斯，一直到罗马，敬奉库柏勒的祭司追

---

① 奥维德，《变形记》，卷十，103 行；《岁时记》，卷四，221 行起；亚挪比乌，《反异教徒》（*Adversus Nationes*），V，5；卡图卢斯，《歌集》，64；另参阅保萨尼亚斯的《希腊志》，VII，17，9 s.。
② 诺诺斯，《狄奥尼西卡》，卷二十五，311 行起。

摹阿提斯，在血腥、骇人的仪式上例行自宫。很久以后，吕利〔Giovanni Battista Lulli, 1632—1687，原籍意大利的法国作曲家，法国歌剧的奠基人〕把这段故事——主人公改名为阿蒂斯（Atys）——谱成了歌剧，那已是由诗人基诺〔Philippe Quinault, 1635—1688，法国诗人、编剧〕大大净化过的版本了。①

---

① 这出"国王歌剧"被认为影射当时夹在王后和曼特农夫人〔1635—1719，曾负责路易十四与情妇所生子女的教育，后成为路易十四第二任妻子〕之间的太阳王。自宫的情节自然就被剔除出去。

爱欲，性别和词性

在奥维德的诗中，植物变形故事的意义，要从它们在作品整体布局中的位置，以及与其他段落构成的呼应、平行或对立关系中去找寻。对于这种互文性，我们在此不多赘述。在另一层次上，或许还应该把这些故事放到奥维德的全部作品当中去理解。我们之前已略略提及《岁时记》，继续拓展比对范围无疑会更有收获。不过，作为神话，这些植物变形故事从属于一个更大的范畴，那就是由奥维德和其他见证者记录下来的全部各个门类的变形。[1] 变形故事更与其他没有变形情节，甚至有时候没有那么超自然的故事碰撞交汇，故事与故事相互影响，彼此赋予并各自获

---

[1] 参阅弗朗索瓦丝·冯蒂希-迪库的《鹿男与蜘蛛女》（*L'Homme-cerf et la femme araignée*, Paris, Gallimard, 2003）。

得新的意涵。神话构形的这张巨网提供了无数探索路线。

我们还应注意另一个语境问题：要重构这些诗歌作品赖以出现的心理、文化和社会背景——因为它们的创作源泉主要是集体而非个体想象，就必须将它们和其他类型的材料进行比对。

厄罗斯

这些超自然植物变形故事明显与爱欲相关。所有这些变形，它们只涉及年轻个体，而不是行将就木，如人们所说可归于"植物"状态的老人[1]。故事的主人公基本都是少年，少男或少女，他们的年龄和美貌会激发爱欲，而他们还不知道或无法掌控性欲，不管是自己的还是别人的。爱欲是一个表现力无比丰富的领域。希腊人从未停止谈论爱情和性欲，但谈论内容有过多番变迁。荷马时代［约为公元前11—前9世纪］，红颜祸水海伦以及安德罗玛刻和佩涅洛佩这两个模范妻子的形象令人印象深刻，希腊化时代的希腊小说则见证了对异性恋的再度重视。而在荷马时代和希腊化时代之间的古风时代和古典时代［约为公元前5—前4世纪中叶］，同性情爱和异性情爱既对立又互补的理念主导着人们的爱情观。种种对爱欲的描绘，见诸文字与图像的至今尚存。它们涉及一些制度化的社会习俗，如婚姻、会饮——希腊语 *symposion*，还有男子的同性教育。比起直接反映习俗，这些写照本身就是习俗的内在组成部分。只有通过它们、绘画、哲学辩论、合唱抒情诗（*poésie mélique*），我们才有望——如有可能——探及当时日

---

[1] 关于菲勒蒙和包客斯，请参阅下文。

常社会生活的现实。但我们的首要目的是对照不同类型的记录，以及不同类型的象征现实，让它们彼此观照，互相阐发。①

因此，我们举出的这些诞生与加工年代已不可考的神话故事，涉及古风时代与古典时代，甚至更早之前，爱之情愫与爱情关系在时人观念中的反映。爱欲之神厄罗斯是一个重要的神灵，被视作一种从外施加的力量，将其击中的人调动起来，产生一种指向他人的冲动。任何人中了厄罗斯的招，都会成为力图得到某一客体的欲望主体，就算不能两情相悦，唤起对等的欲望，至少也要满足自己的爱欲。柏拉图在《斐德若》中用大量篇幅描写了这一过程。我们知道，这场对话发生在一派田园场景中，在柔软的草地上，一株悬铃木和一株开着花的牡荆的绿荫下②：对于哲学家来说，这是个上佳的、美好的思辨题目。追逐的意象隐喻指向爱欲客体的张力。爱者，这个爱欲主体——男性，一如古代所有话语的言说主体——照着厄罗斯的样子，追逐其爱欲客体——被爱者。古希腊瓶画上，厄罗斯及其效仿者奔跑、飞翔，追逐着少男，但也不排除少女。在我们列出的这些神话故事里，众神追逐的就是少女。少男，除了仅有的几个例外，似乎都已从了勾当。想象层面上，还存在另一种求爱方式，即通过温柔的劝诱。这种态度，以说服女神皮托的名字命名，靠的是动听的话语、爱意的倾诉、抒情诗和礼物。对此，哲学家同样有话要说。柏拉图通过《会饮》中斐德若，尤其是医生泡萨尼阿斯的谈话，阐述了爱者的行为规范，以及追求德性的被爱者应期待的收获，特别是

---

① 尤可参阅克劳德·卡拉姆（Claude Calame）的《厄罗斯在古希腊》(*L'Éros dans la Grèce antique*, Paris, Belin, 1996)。
② 柏拉图，《斐德若》，230b。

德性上的教益。然而，柏拉图笔下贤士们的严肃说教与雅典瓶画所展示的内容截然相反。瓶画描绘少男们接受成年追求者的礼物：鲜花，活蹦乱跳的动物——公鸡、野兔或鹿，羊后腿，羊拐骨玩具，甚至还有装满钱的钱袋子。

我们看到阿波罗对达佛涅首先采取了温柔的策略，但被拒绝后，便迅速采取了强硬手段。

角色游戏

对于社会角色有严格的定义。男孩和女孩最终应该结婚。这是个社会要求。城邦的延续取决于此。少男在一个预备性或启蒙性的过渡阶段后步入成年，但对女孩来说，这个阶段很快就被带过。因为少女的成人启蒙似乎经常由几个属于她们年龄段的"代表"负责，如雅典的"童女"［Arrhéphores，被挑选侍奉雅典娜等神灵的四名年龄在七至十一岁之间的上等阶层少女］或布劳隆赛跑的少女［古希腊城邦布劳隆有阿尔忒弥斯神庙，上等阶层的少女会在此度过一段时间，跳舞、赛跑、纺织，为成年生活做准备］。对于男孩来说，这是一个围绕各种运动缔结同性关系、接受教导的阶段，有关这类同性关系的哲学评论、诗歌和图像资料极为丰富。该阶段原则上十三岁起十八岁止。[1] 这便是男性神灵同性之爱的现实背景。阿波罗和许阿铿托斯的爱非常符合这一模式，因而成为范例。不过，更

---

[1] 贝尔纳·塞尔让关于希腊和印欧民族成人教育中同性恋活动的著作（参阅上文）依旧经典，即使目前印欧民族是否真正存在成了一个大问题：参阅让·保罗·德穆勒（Jean Paul Demoule）的《印欧人去哪了？》（*Où sont passés les Indo-Européens?*, Paris, Seuil, 2014）。

早的诗篇中对这段关系的原始描述绝非如此美好。我们不知道许阿锽托斯究竟是被阿波罗成功吸引,还是像伽倪墨得斯那样是被抢来的。其他版本里不时透露的追逐情节使得少男被爱者的地位近于女性。

不管怎样,我们的主角都没能等到结婚那天。神话故事不会讲述美满的爱情。它们的存在是要向人们展示不美满。少男少女们都死去了。少女们在开始,或更确切地说"被开始"她们所拒绝的两性人生之前死去。少男们则在还未步入成年、青春期尚未结束时死去。值得玩味的是,许阿锽托斯和克罗科斯死于他们的导师与爱者之手,而且还是被用于运动训练的铁饼砸死。我们当然可以认为这些死亡仅是象征意义上的,意思是他们至死还是少年之身。但问题是这些神话故事的主角并没有成为成年男女,而是变成了树和花。几个非典型案例,如在父女乱伦的大逆畸恋中成为女人和母亲的米拉,被神奸污生子、看来已成为一名贤妻但最终仍难逃变形传染的德律俄佩,它们揭示了个中关键:主人公拒绝承担文化给女性规定的,在封闭的乱伦关系之外,以正当方式养育后代的繁殖者角色。不管是拒绝向他人开放心扉的"奔跑之女",还是将自己封闭在无休无止的家庭哀悼中的"哭泣之女",都是这一下场。而那喀索斯通过他在各个版本的故事里的表现,占全了这些不同的类别。

当女孩即将被追上并遭受自己不愿接受的命运,神话故事打断她们奔跑的脚步,安排她们向大地扎下根去。奔跑——在此意为逃跑——这一要素对应一个更普通的主题,那就是少女赛跑,这在当时的社会现实和神话想象中均有明证。诚然,静止不动、深居简出是女性境况的主要特征,静坐的纺纱女形象即为这一状况的反映，但与此为辅的还有一类奔跑的婚前少女形象，比如在斯巴达，奔跑是女子教育的一部分，比如有些地方女性的成人式里包括赛跑。某些年龄段的女孩被冠以"牝马"或"小母驹"的称号就是旁证。再比如好几个神话故事里都出现了婚前赛跑的情节。女猎人阿塔兰忒拒绝结婚，提出赛跑招亲，要求追求者和她赛跑，所有追不上她的小伙都被她无情杀死。最终她被希波墨涅斯的计谋打败：希波墨涅斯在赛跑中朝地上丢橙子，迫使阿塔兰忒减慢速度。因此，阿塔兰忒的赛跑如预定那般以婚姻作结，哪怕这场婚姻后来因二人纵欲而沦为悲剧［《变形记》中称两人没有向阿佛罗狄忒献祭，被阿佛罗狄忒捉弄在神像前行淫，被得墨忒耳变成一对狮子替她拉车］。我们可以将伊俄的故事也归入这一类别。年轻的伊俄被宙斯强奸后，又遭到了赫拉的惩罚，被迫不停地奔跑。她变成一头小奶牛——牛当中的"小母驹"，因为被一只牛虻不停地叮咬，一路逃跑，一直逃到埃及，在那里恢复了人形，定居下来，生子完婚。同样是赛跑招亲的标准结局。但是除此之外，神话故事里最常见的还是抗拒男性的少女，她们不惜一切代价逃离男性，哪怕必须为此变形，再也动弹不得。

上天满足了这些逃跑女性的愿望，施暴之神遭受了挫折，这看似是对追求者暴力手段的隐晦谴责。但是，这些故事中的女性被逐出了人界，似乎又说明强奸者和他的欲望对象都有过错：她既然对男性的示爱"木然处之"，那就让她真的变成木头好了。女主人公是美的。美貌激起性欲、爱情和繁殖欲。阻断人类繁殖进程的人咎由自取，尤其在这几例中还有神的参与加持。

这便是女孩的情况。但是男孩呢？他们的繁殖趋向似乎不成问题。至少从表面上看。早岁夭亡使得他们未能成年，这本可把他们从被爱者的同性生活导向婚姻中有用的、孕育新生命的两性生活；如果他们高兴，还可以继续保持同性生活，但须颠倒角色，成为爱者。按照有关神话的叙述，正是因为被神爱上才导致了许阿铿托斯、克罗科斯、阿多尼斯以及阿提斯的不幸。对于凡人来说，这种关系太强烈了，怎好如此傲慢（hubris），让神屈尊下就，哪怕这一切都是他们的美貌——过分的美貌——引发的，绝非他们本意。

这些少男的变形故事有一层宗教色彩，并在一些实际存在的习俗中得到体现。从这一点来看，神话和社会现实并行。许阿铿托斯崇拜——附属于阿波罗崇拜，以及阿多尼斯和阿提斯崇拜都有实证，但都没有提到相关花卉（斯巴达的许阿铿托斯节似乎是在风信子花期结束之后举行的）。那喀索斯崇拜分两类，一类是对那喀索斯本人的英雄崇拜，而在塞斯皮亚地区那喀索斯崇拜附属于厄罗斯崇拜。① 女孩方面，宗教色彩没有那么明显。达佛涅-月桂成了宗教仪式的一种道具：她是阿波罗最喜爱的植物，在阿波罗祭祀中必不可少。至于叙任克斯，她变成的树木成为制作排箫的材料，这种乐器使用场合很多，包括宗教仪式。

宁芙

变形的女孩大多都和宁芙有关系，有些女孩本身就是宁芙，例如达佛涅，她是某个河神的女儿，有些女孩的朋友或保护者是宁芙。女孩们变形有时是宁芙所为。

---

① 关于那喀索斯崇拜可参阅前引德尼·克内普夫勒的著作《那喀索斯的国度》。

宁芙（nymphe）的身份比较含糊。因为确切地说，"nymphe"是个多义词，可以指代不同的现实。在宗教层面上，宁芙是"次等"的神，享受崇拜、祈祷、供品以及献祭，拥有神祠、洞府或带有喷泉的洞窟，通常位于泉水或海岸附近。睡着的奥德修斯被费阿刻斯族人留在宁芙洞穴里，醒来后他认出了这地方，从而意识到自己终于回到了伊塔卡。他开口便向这群可爱的神灵祈祷："哦你们啊，宙斯的女儿们，哦宁芙们，哦水神们，我以为我们不会再见面了，我向你们致敬……"考古学家确信找到了这处宁芙神祠，它在时代上十有八九要晚于《奥德赛》。宁芙崇拜场所通常建在野外，或在僻壤，但也会出现在市井。雅典就有很多宁芙神祠，包括在城市中心地带，卫城的南坡上。据说宁芙也会死，不过总比凡人活得长。除了长寿，她们还青春常驻。身为宁芙，似乎就没有衰老一说。而且有些宁芙除了长生不老，还拥有真正的女神地位，比方说卡吕普索，"卷发的宁芙"，她费尽心思想把奥德修斯留下来，徒劳无功。再比如海洋宁芙忒提斯，她是阿喀琉斯的母亲，因为自己的凡人儿子终有一死而伤心不已。这些都是高级别的宁芙，拥有史诗般故事的宁芙。而她们默默无闻的姐妹其实也在人类尤其是女性身边履行着重要的职责。她们与一些婚前仪式紧密相关。因为"宁芙"一词同样被用于称呼婚姻这一转折期前后的年轻女孩。人类"宁芙"（nymphé）指的是魅力四射、光彩夺目的订婚女性、新嫁娘。她们一直要到生下孩子才会彻底失掉这个称呼。成为母亲才算真正成为女人。但在这一点上，也有些史诗人物是例外。比如重婚的海伦，成婚二十年后还被喊作"宁芙"。佩涅洛佩也是，她儿子都二十岁了。的确，她被一群想娶她的追求者包围，奥德修斯一心只盼着能再见到她。至于海伦,她那独一无二的魅力并没有遭受岁月的摧残。不管她们是女神、半神还是人类,宁芙首先是男人梦寐以求的充满诱惑的女性。甚至有些宁芙还会主动去追求别人。人们指责她们勾走了少男,给他们灌了迷魂汤,使他们变得疯狂[①],甚至还给他们生孩子。阿佛罗狄忒和安客塞斯做爱后说很快就会把生下的孩子——未来的埃涅阿斯——送来,关照他对外就说这个漂亮孩子的母亲是个"蔷薇花蕾般的"宁芙。女神委身于凡人有点丢脸,她不想让别人知道这事。[②] 不过大部分时候,当她们没有随侍男女诸神的任务时,水泽宁芙和森林宁芙都在跳舞,偶尔也向那些即将失去"宁芙"身份的女孩施以援手。

奥维德笔下极富诗意——因此必然有多重意涵——的宁芙,似乎上述面向就都带着一点。[③]

但是为什么性别、或者说气质不同,就导致了不同的命运?为什么男孩变成花而女孩变成树呢?[④]

[①] 直到上个世纪,仍有宁芙——现被称作"水灵"(Neraides)——在希腊出没。历经基督教的传播和奥斯曼帝国的征服而依旧存在,证明这些半神的影响力毫不亚于不死的奥林波斯诸神。有关希腊宁芙的课题,参阅珍妮佛·拉森(Jennifer Larson)的《希腊宁芙. 神话,崇拜,知识》(*Greek Nymphs. Myth*, *Cult*, *Lore*, Oxford, Oxford University Press, 2001)。

[②] 《荷马颂歌·献给阿佛罗狄忒》,281—285。

[③] "nymphe"这个词同样指订婚女性在结婚时丢掉的布娃娃。而在解剖学上,这个词也指女性生殖器的一部分,按盖伦的说法是阴蒂[现代法语中该词的解剖学含义为小阴唇]。

[④] 这方面的一般性研究可参阅达妮埃尔·奥布里奥(Danièle Aubriot)的《植物之人:变形,象征,隐喻》(«L'homme végétal: métamorphoses, symbole, métaphore», *Kêpoi, Mélanges offerts à André Motte*, KERNOS, supplément 11, Liège, 2001, p. 51‑62),不过其重点在叶片而不是花朵。对于树木在拉丁文本中的意义,参阅玛丽娜·布雷顿-夏布洛尔的精彩论文《树与谱系——古典拉丁语中家系与联姻的植物隐喻》(*L'arbre et la lignée. Métaphores végétales de la filiation et de l'alliance en latin classique*, Grenoble, Jérôme Millon, 2012)。

变为树

首先，我们可以回答说他们变成了各自应有的样子。变形只是把他们的某种潜在性物质化了。别人心目中对他们的看法与评价通过植物变形展现得一清二楚。女孩之所以是树，当然是因为语言中的树木是阴性——希腊语和拉丁语都用阴性单词来称呼树木。语言中的阴性促成了相关的类比和隐喻——如果情况不是正相反，是隐喻导致了这一语法性别的话。[①] 不论语法阴阳性及其与"自然"阴阳性的关系最初如何形成，此处我们关心的是它对想象以及由此产生的心理意象的影响。

当被冲上费阿刻斯人海岸的奥德修斯扑到瑙西卡亚脚下，他先是假装把少女当成阿耳忒弥斯，随后赞扬她的美貌，不是比作花，而是比作一株他曾在提洛岛阿波罗祭坛边上看到的棕榈树苗，从土壤中挺起的树干高耸入天，秀美，撼人。一株神树。

这一比喻反映了某种女性美的理念。后来的亚里士多德就说，对于女孩而言，形象美来自美貌和身高，*kallos kai megethos*。女

[①] 这些问题在玛丽娜·布雷顿-夏布洛尔的研究（同前）中有细致分析，特别是这篇关于普林尼和其他拉丁作者对植物所做的阴阳分类的文章：《植物的性别——罗马农学家著作中的性别类比与类别》（«Le sexe des plantes. Analogie et catégories du genre chez les agronomes romains»），收录于保罗·卡米尼亚尼（Paul Carmignani）、米雷耶·顾朗（Mireille Courrent）、若埃尔·托马（Joël Thomas）和蒂埃里·埃卢瓦（Thierry Eloi）主编的《地中海文化里的身体》（*Le Corps dans les cultures méditerranéennes*，Perpignan, Presses universitaires de Perpignan, 2007, p. 15 – 28）。另可参阅林·福克斯豪尔（Lin Foxhall）的《自然的性别：古希腊植物被赋予的性别和阴阳性》（«Natural sex: the attribution of sex and gender to plant in ancient Greece»），收于林·福克斯豪尔和约翰·萨尔蒙（John Salmon）主编的《思考的男人——男子性及其在古希腊罗马传统里的自我认识》（*Thinking Men. Masculinity and its Self-Representation in the Classical Tradition*，London & New York, Routledge, 1998, p. 57 – 70）。

孩应当美丽、高挑。就像古风时代的少女雕像。既矮又胖就糟糕了。甚至奥维德的《爱经》也不待见这类女孩。

女孩变成的树全都是树干笔直、树形细长的品种：月桂树，杨树，松树，枞树。我们稍后会看到古代植物学对它们的描述。

与此相应，树木全是阴性是因为可以成为一些女孩——树精（hamadryade），也就是树中宁芙的居所，我们之前还没有提过这一类别。正如这一名称所示，她们与她们的树——*drys*——共时同生——*hama*。① 阿佛罗狄忒向安客塞斯解释说，她们和树一起出生、生长、荣盛，当生命走到尽头，"她们的灵魂也会一起从阳光下消失"②。樵夫很了解树精，能听到她们随风颤抖、私语。更令人不安的是，当人们要砍掉树时，她们会尖叫。她们还会流血，就像洛提斯化身的朴树，当德律俄佩在摘花时不小心折断了一根树枝，她流出了鲜血。③ 最吓人的还数卡利马科斯[Callimaque，约前305—约前240，古希腊诗人，语法学家]在其《得墨忒耳颂歌》中讲述的那个故事。毫无敬神之心的厄律西克同看上了得墨忒耳极为珍视的一片神林。他想用这些木材来做饭厅的天花板。首先遭殃的是一棵直插天际的杨树，第一斧砍下，树中宁芙发出一声哀号，引起了得墨忒耳的注意。女神被激怒了，惩罚罪人永远饥饿难耐。厄律西克同吃掉了家里一切能吃的东西：狗、

---

① 但并不能说明这是某种原始的树木崇拜的遗迹。认为在其他形式的宗教表现之前到处都存在一个万物有灵论阶段，这种观念是从前在宗教史中生搬生物演化论框架的结果，现在已经过时了。
② 《荷马颂歌·献给阿佛罗狄忒》，265—272。
③ 维吉尔在《埃涅阿斯纪》中讲述过另一个树木流血、说话的故事（卷三，30行起）：埃涅阿斯试图拔除山茱萸和香桃木。而这两种树其实是刺透波吕多罗斯身体的标枪所变，波吕多罗斯是普里阿摩斯的幼子，被接待他的人谋害；参阅欧里庇得斯的《赫卡柏》。重新变回灌木的标枪——它们原本就是用那些灌木制成——流出黑色的血，并让埋在下面的死人开口说话。

马、猫、老鼠,贵为王子,他在通衢之地乞讨人们吃剩的面包,最终吃自己的肉而死。① 龙萨[Ronsard,1524—1585,法国诗人]在他的诗作《驳加斯蒂尼森林的伐木人》(*Contre les bucherons de la forest de Gastine*)中出色地再现了这个神话,他写出了人们看到一株重要的树或整片森林被砍时所感受到的痛苦:

> 听着,伐木人,停下你的臂,
> 你砍倒的可不是树,
> 你不见那汩汩鲜血
> 从坚硬树皮下宁芙的身上流出?
> 你在亵渎,你在谋杀。
> 为了廉价的赃物,我们抓起小偷,
> 你这个恶人,你杀了一群女神,
> 该烧你、砍你、杀你、灭你几回才够?

如今,这样的罪行会引发经久不息的抗议。

有时候,树之女与女之树被视作一个群体。一群姐妹,一伙女伴,一堆多嘴姑娘,一队轮舞女子,她们变成了一排排杨树,一列列枞树,或是一丛松树,掩映着一座神祠。叙任克斯则一个人变成了一抱芦苇。她和芦苇丛融为一体。当女主人公被单独作为一个个体时,她从前来帮助她、并可将她吸纳的群体中脱颖而

---

① 奥维德用橡树——*quercus*——代替了这棵杨树,见《变形记》卷八,741行起;关于这一点请参阅玛丽娜·布雷丹-沙布洛尔的《阴性的树:宁芙、果实和语法学家》(«Des arbres au féminin: la nymphe, les fruits et le grammairien», *METIS*, NS10, 2012, p. 307 - 327)。

出。这些场景当然有对应的现实景观。但它们同样也是男性个体某种思维倾向的体现,因为作为古典时代思想和话语的唯一主体,男性把女性当作群体看待。在男性的观念中,自己面对的是一个异己的群体:女人们,少女们。① 在更广的层面上,他者,不管是男是女,也是一个面目不清的群体:别人。普利亚的牧羊人变成了一片不知名的树便很好地说明了这一点。他们是男性,是一群粗鲁的牧羊人,他们没有教养,亵渎神灵,但这种与作为话语主体的男性个体的极度相异性使他们被打成一个个体身份不明的准阴性植物集合。反之,当只有唯一一个男主人公的时候,这个粗汉就被变成了一种可以确切命名的植物,一个少女绝无化身可能的品种,一种名称为阳性的野橄榄树。

变为花

相比树之女,花之男的想象背景要复杂得多。我们提过,在语言学层面上,希腊语中的花名大多都是阳性。但是"花"这个单词本身,希腊语 *anthos*,是中性的,和"树"——*dendron* 一样。而在拉丁语中,树"*arbor*"是阴性,花"*flos*"是阳性,分别与大多数树名和花名的语法阴阳性一致。但最重要的是,与花的概念以及各种具体的花有关的意象和习俗并不

---

① 在宗教层面上同样很明显:参阅妮科尔·洛罗(Nicole Loraux)对于"复数女性"的多篇分析,特别是《何为一名女神》(«Qu'est-ce qu'une déesse»)一文,收于波莉娜·施密特·潘特尔(Pauline Schmitt Pantel)主编的《女性的历史》第一卷"古希腊罗马时期"(*Histoire des femmes*, I, *L'Antiquité*, Paris, Plon, 1991, p. 34 - 62)。在索菲罗斯[Sophilos,公元前6世纪初期雅典瓶画画师,第一个在作品上签名,也是最早在瓶画中绘制铭文的画师之一]绘瓶(大英博物馆,藏品 1971.11.1 - 1)上,一群神去参加忒提斯和佩琉斯的婚礼,有一组女神,共三位,铭文称她们为 NUMPHAI——宁芙。

专与一种性别或词性捆绑。假如因为树木可能偏属总体为阴的象征体系，就认为与之相对应的花是纯粹的阳性概念，那肯定是错误的。

就像杰克·古迪在其《花文化》[1]一书中指出的那样，虽然并不是所有人都喜欢花，但是对于古希腊、古罗马以及之后的西方世界来说，花，鉴于其各种日常用途与象征表象，无疑是一个内涵极为丰富的文化之物。象征层面上，花是美的绝佳典范，是美丽与爱情的形象代表，在诗歌中被大量运用；同样，在具象层面上也是如此。

花冠

生活实践中，花冠与花环在文化与节庆活动中的地位是如此重要，以至于植物学家将可编入花冠的花卉单独列为一类来研究。这个话题稍后再讲。众神和死者接受鲜花作为供奉，活人同样利用各种机会用花来装扮自己。花卉贸易和花冠、花环的生产与销售是一门正经的生意。花市在雅典以及其他城邦的中心广场均占有一席之地。至迟公元前4世纪，花冠编织工和花冠商贩的职业就出现了，它们在希腊语和拉丁语中有专门的称谓，分别叫作 *stephanoplokos* 和 *coronarius*。[2] 古罗马时代的一些具象作品里有这些手艺人编织花冠的场景，展现了颇有意思的技术细节。编

---

[1] 杰克·古迪（Jack Goody），《花文化》（*La Culture des fleurs*, Paris, Seuil, «La librairie du XXIe siècle», 1994）。
[2] 普林尼认为花冠在希腊流行开来并不是一件很久远的事情，列举了前4世纪写过有关专著的希腊作家：《博物志》，卷二十一，3、12。

织者主要是女性,但是在庞贝的装饰画中也有一些小爱神。[1] 众所周知,用叶片编织的头冠出现得更早,例如用月桂树或橄榄树枝叶编成的头冠,用来奖励获胜者,尤其是竞技赛事的获胜者。狄俄尼索斯和他的信徒们头戴葡萄藤和常春藤编成的头冠。阿波罗戴的自然是月桂头冠……而花朵,需要指出的是,节庆用途进一步缩短了它们本已短暂的寿命。现代人将花束插在花瓶中,换水,加各种添加剂,尽力延长花期,留住它们的绚丽。但是,一旦把鲜花编成花冠与花环,就不可避免地会触碰花朵,制作过程中是手,节庆中戴上后是头和身体,这一切只会加速它们的败谢。这种脆弱,只要想想我们在葬礼中使用的花圈就能明白:如果我们在葬礼次日再回墓地,便会看到它们枯萎的样子。这一画面映射出人生的短暂,显示生命必将在死亡中毁灭,令我们心有戚戚。对于古人来说,节庆一过,花朵就会衰败。鲜花实在不经放,以至于他们,尤其是罗马人,会用鳞甲、丝绸,当然还有铜片和金叶雕镂成的花瓣来制作花冠。

柔弱易逝,花朵与厄罗斯紧密相关。我们刚刚提到,在庞贝的装饰画中,小爱神们也干着卖花匠的活。在希腊陶瓶的外壁上,爱神通常飞翔或站立,手里拿着一朵花,就像那些向男孩或女人献殷勤的成年人。花朵同样出现在恋人对话的场景中,既是

---

[1] 参阅《古希腊古罗马词典》(*Dictionnaire des Antiquités*) "Coronarius"条,以及热尔梅娜·纪尧姆-夸里耶(Germaine Guillaume-Coirier)的研究,尤其是《树与草——与罗马起源相关的信仰和习俗》(«Arbres et herbe. Croyances et usages rattachés aux origines de Rome», *MEFRA*, 104, 1992, p. 339 - 371);以及《*coronarius* 在罗马文学和艺术中的形象》(«Images du *coronarius* dans la littérature et l'art de Rome», *MEFRA*, 107, 2, 1995, p. 1093 - 1151)。

用来引诱对方的礼物，也是点缀背景的花纹。[1] 在诗歌领域，从古风时代的抒情诗开始，一直到《希腊诗选》（Anthologie greque）——希腊语 anthologia 一词字面含义便是"花集"或"花束"，一如"梅列阿格罗斯的花冠"[2]——中各个时期的讽刺短诗，花都被用来比喻美丽中可以激发欲望的东西，同时也是对为之歌唱的诗人的比喻。但是，在诗篇中出现的花的品种却并不多。

比如，当掳走少女科瑞的抢亲者突然冲出时，她正在婚礼前的草地上和女伴一起玩耍，她们采摘蔷薇花、番红花、堇菜花、鸢尾花、风信子，当然还有水仙花这个被特意创造出来、令科瑞无法抵挡的圈套。比如，在宙斯和赫拉再次温存以重新确认他们的婚姻的绿茵上，大地女神使莲花、番红花和风信子竞相开放。诗人歌唱的花冠，乃是用紫罗兰、香桃木、水仙花、百合花、番红花、蔷薇花和紫红色风信子编织而成。神话故事里少男死后变成的花卉在他们笔下反复出现。而使用背景无疑涉及爱欲，但是是异性情爱，甚至是夫妇欢合。当年轻的斯巴达姑娘为海伦的婚礼唱起喜歌，她们"用盛开的风信子装点秀发"。蔷薇花则地位特殊，它用于言说美丽，整体之美，细节之美，尤其是女性美，

---

[1] 同样参考阿摩西斯的画匠［Peintre d'Amasis, 公元前 6 世纪下半叶陶瓶画匠，因在有制陶匠人阿摩西斯签名的陶瓶上作画而得名］绘制的陶杯，卢浮宫藏品 A479。（图版 9）参阅妮科利娜·凯（Nikolina Kei）在法国社会科学高等学院（EHESS）的博士论文《花的美：公元前 6—前 5 世纪阿提卡陶器中的 kosmos、poikilia 和 charis》（L'Esthétique des fleurs: kosmos, poikilia et charis dans la céramique attique du VIe et Ve siècle avant J.-C., 2010）。
[2] 公元前 1 世纪，诗人梅列阿格罗斯［Méléagre, 约前 130—约前 60］将他的小诗和同时代其他诗人的小诗汇编为《花冠诗集》［在作为引子的挽歌中，他将每个诗人比作一种花，解释这本诗集是"用诗人编织的花冠"，是为后世选集的滥觞。《希腊诗选》是历代学者在《花冠诗集》基础上增补后人作品而成，所收作品下迄拜占庭时代］。

因为蔷薇花是阿佛罗狄忒之花。蔷薇手指，蔷薇手臂，蔷薇嘴唇，蔷薇臀部，蔷薇甚至可以赤裸裸地指性，情人渴望得到的性。不过同样还有"被微风抚摸的蔷薇少男"。①

然而作为统称的"花"仍然是一个主要的比喻，专门用于形容青春之美转瞬即逝，*hébès anthos*。Hébé（赫柏）也是宙斯和赫拉的女儿的名字，译成拉丁文是 *Juventia*，法语 Jouvence，她是众神的斟酒人，与伽倪墨德斯并坦。"青春之花"不是男性魅力的专属用语。谈及早夭的少年，不论男女，诗人都会说他/她在"如花的年纪"被夺去了生命。

只不过同性情爱如此盛行，② 引来极为丰富的述评，尤其是以之为主题的诗歌创作，使得大比重的文字聚焦于"少男花"③——这一表达既可宽泛地指"娇嫩无比的爱情之花"，也可具体地理解为"那个拥有最让人垂涎的鲜花的男孩"……在这一点上，奥维德的意思很明确。他将同性恋的起源归因于俄耳甫斯，后者因两次失去欧律狄刻而感到绝望。彻底厌倦了与女性的爱情，同时出于对挚爱的忠诚，"他教授色雷斯人把爱情转移到男孩身上，并采撷青春来临之前那短暂生命之春的初花。"④ 在奥维德的这段叙述中，男同性恋被看作是一种退求其次、聊胜于无的选择，这要么是因为奥维德真的喜欢女性，要么是因为在奥古

---

① 引文依次出自：《荷马颂歌·献给阿佛罗狄忒》，6s；《伊利亚特》，卷十四，348 行；《选帝侯诗选》（*Anthologie palatine* [《希腊诗选》的一个较全的版本，编纂于 10 世纪，因 1606 年在海德堡选帝侯图书馆重被发现而得名]），卷五，147；忒奥克里托斯，田园诗第十八首，《海伦的助婚诗》（*Épithalame d'Hélène*）；《选帝侯诗选》，卷五，142。
② 包括情感和性满足两方面，或许还更偏重于情感方面。可以认为奴隶的存在足以解决后一个问题。男性爱欲的对象是 *kaloi kagathoi*——意思是"出身高贵、英俊"的男孩。没有与此对应的女孩，因为自由民的女儿会被严格看护直至婚嫁。
③ 译自《选帝侯诗选》卷十二标题。
④ 奥维德，《变形记》，卷十，83 行起。

斯都时期道德至上的背景下,他得谨言慎行。这实际上并不是古希腊人(以及许多其他人)的想法。

我们的关注要点是少男之爱和春日之花之间的例行关联。少男的美是有期限的,非常短。而希腊男性和希腊之神一样,对瞬息即逝的事物情有独钟。少女的美,这"花丛中最新鲜的花",不管怎么说,更为长久。少女所激起的欲望可以延续到"宁芙"阶段——也就是准新娘和新嫁娘的阶段——甚至成年以后。真正威胁女性美的只有皱纹和白发。一些讽刺短诗对个别到了六十来岁仍然魅力不减的出众女子津津乐道……而少男的魅力过不了青春期,一长出胡子便一去不复返。① 比起其他,男性成年爱者最恨最怕的就是这些长得飞快、令人讨厌的胡须,它们不仅会在亲吻时带来刺痛,而且当胡须开始长出,很快,柔嫩的大腿上也会跟着长出粗糙的体毛:"皮肤不再柔嫩〔……〕。腿毛吓跑了爱者。"② 因此用花来形容少男脆弱的美再合适不过,尤其是那些被风一吹花瓣就起皱的花,尤其那些编成花冠、比阿多尼斯花园里强行晒死的植物枯萎得更快的花。这不啻古希腊人极度敏感于时光流逝的又一个表现。

当爱者是女性的时候,少男被爱者的年龄似乎会稍稍大一点。例如阿多尼斯,唇上之物介于细茸和初生的胡须之间,他是阿佛罗狄忒正式的恋人,甚至年轻的丈夫。奥罗拉女神也非常喜爱年轻的男子,她掳走了刚成婚的刻法洛斯,和他生了几个孩子

---

① 那要是长了青春痘或粉刺呢?古希腊古罗马的少年人不长这些?
② 《选帝侯诗选》,卷十二,30,33,36,39。另有一种截然相反的主题,比较少见:忠诚的爱者无惧挑战,继续爱着少男。关于这一课题,现可参阅皮埃尔·布吕莱(Pierre Brulé)令人愉悦的重要著作,《古希腊的体毛》(*Les Sens du poil〔grec〕*), Paris, Les Belles Lettres, 2015)。我完稿后才注意到该书。

后才把他放走。女性欣赏年轻男性的俊美，至少女神是这样，她们有话语权，能使别人谈论她们。

但是，花朵并不只由花瓣构成。如蔷薇花一样，花也可以赤裸裸地成为性欲终极目标的隐喻。和 *anthos* 一起组成"青春之花"[①] 这个表达的名词 *hébé* 也一样。阿里斯托芬在作品《云》中塑造了一个对过往的好日子充满怀念的人物：那时候，男孩还知羞耻，从坐过的沙地上站起身来，他们会细心地抚平沙子，不让求爱者注意到坐痕，避免让对方产生邪念；他们扫去的痕迹，来自他们初萌的雄性特征——阿里斯托芬以 *hébé* 指称，那是他们绽放的青春之花，是在这个男性至上的文化里近乎被神化的东西。[②]

从前有教养的男孩从沙地上擦除的印记把我们引向"男花"的一个共同点，这个特点比绚丽的花冠隐藏得要深：风信子、番红花、银莲花、水仙花，甚至堇菜花，它们要么是球茎植物，要么是块茎植物。这是一类引人思索，至少激发想象的植物。现在可以谈一下植物学了。

[①] 对于这个传统表达，请参阅加布里埃拉·皮龙蒂（Gabriella Pironti）极具启发性的分析：《天空与战争之间——古希腊的阿佛罗狄忒形象》（*Entre ciel et guerre. Figures d'Aphrodite en Grèce ancienne*, Liège, Presses universitaires de Liège, 2007, p. 179 - 191）。

[②] 阿里斯托芬，《云》，976。安妮-弗朗索·劳伦斯（Annie-France Laurens）将女神赫柏（Hébé）的名字译为 Puberté（"青春期"）。参阅她的博士论文《赫柏。图像、神话和崇拜》（*Hébé. Image, mythes et cultes*, université de Paris X-Nanterre, 1985）；以及她为 *LIMC* 撰写的词条"Hebe"1, 1988。

植物学：树

树和花同样引来了学者的关注。这是些适于分类和分析的研究对象。它们催生了一类特殊的话语，值得我们做一番检视。倒不是要用这些年代可考的科学文献来解释源自远古的神话传说，即使对神话的诗化处理同样是相对晚近的事。我们的首要目标是比对多种类别的话语，因为它们有着相同的主题：树与花。我解读这些科学记载的立场并不中立——假如存在中立阅读的话。因为即使我们努力保持客观，我们的内心也会随早先阅读过的神话故事而不可避免地产生一些想法。正是它们引导我选定此处研读的文本。

植物学诞生于公元前4世纪。尚不确定亚里士多德的科学著作中包含植物学著作。不管怎样，即便该作品真的存在，那它也已经佚失了——也许会在未来某一天突然冒出来。但至少他的学生泰奥弗拉斯托斯以其《植物研究》延续了他的工作。在这部作品中，泰奥弗拉斯托斯完成了一项壮举，他记录了几乎所有他能了解到的植物物种，并对它们实施了分类。泰奥弗拉斯托斯的另一部专论，《植物之生成》，则侧重于记录植物的生长和繁殖。他的写作主要基于直接观察和从旅行者与专家那里搜集到的信息，所谓专家是指耕种者、牧羊人、伐木人、农民、园丁、木匠以及其他技术人员。这些传统知识、信仰，自然还有偏见，泰奥弗拉斯托斯固然以科学眼光对它们做了梳理，但仍能让我们隐约一瞥那孕育了神话的集体想象。

泰奥弗拉斯托斯的作品以希腊语写就，必须与普林尼的拉丁语巨著《博物志》中有关植物的卷册对照着看，不过普林尼有时候只是对这位前辈的作品进行了翻译而已。还有奥维德同时代的希腊医生迪奥斯科里德斯［Dioscorides，约40—90，被誉为药理学之父］研究植物药理功效的著作，对我们的探讨也非常有价值。

泰奥弗拉斯托斯的分类基于植物的可见形态。他将植物分成四类：树，灌木，半灌木和草本植物。从高到低，体现了从空间角度对植物环境的一种理解。泰奥弗拉斯托斯描述的植物种类非常丰富，哪怕只关注变形神话所提到的那些，也令人眼花缭乱、头晕目眩。

这就有了第一个问题：确认神话中涉及的植物。这个问题包含两个层面。奥维德的神话故事是我们这项研究的出发点，但对于故事中诞生的那些植物，奥维德有时并不给出名称。就算他这样做了，给出的也是拉丁语名称。所以必须倚借泰奥弗拉斯托斯作品中相关的希腊语记录，他的作品在植物学方面为我们提供了核心参考。接着又有另一个问题：希腊语和拉丁语作者列出的那些名称真正指的是哪些植物？在这个问题上我们比较幸运，可以参考一些优秀的研究①，不过它们也显示若干地方仍有争议。但是，对于我们来说，第一步的关键并不在于把名称与现代植物对上号，找到符合当代科学描述的特征，这是次要的，重要的是研究该植物对于古人来说代表着什么，以及古人对它有何评说。随后，根据古今两套植物学材料之间的差异，我们将能确定其中许是纯粹出于神话信仰的部分，要知道，神话既扎根于"现实"，也扎根于想象。

树

我们从树开始。变形而生的树只有那么几种，按照它们在本书中的出场顺序，先是月桂树和芦苇，其次是橡树、枣树或朴树、杨树、胡桃树、松树和枞树、椴树、柽柳、悬铃木，以及没药树，以上这些树是由女孩变形而来；由男孩变来的有柏树、野橄榄树，同样也有松树。每种树在神话故事中扮演的角色与重要程度皆不相同。

先总的说一点：虽然绝大多数树名的词性都是阴性，但树通常被认为是分雌雄的，尤其是柏树、松树和枞树，以及椴树②。

---

① 关于泰奥弗拉斯托斯，苏珊娜·阿米格的作品《古代植物学研究》(*Études de botanique antique*, Paris, De Boccard, 2002) 以及她考订出版的泰奥弗拉斯托斯作品（翻译和注释）极其翔实。而有关普林尼《博物志》植物方面的卷册，雅克·安德烈（Jacques André）翻译、注释的版本（Les Belles Lettres）及其著作《古罗马植物名称》(*Les Noms des plantes dans la Rome antique*, Paris, Les Belles Lettres, 1985) 同样是必备参考书。关于迪奥斯科里德斯，则有居伊·迪库蒂亚尔（Guy Ducourthial）的重要著作《古代的魔法植物和星象植物》(*Flore magique et astrologique de l'Antiquité*, Paris, Belin, 2003)。
② 泰奥弗拉斯托斯，《植物研究》，卷三，9，6；10，4。

这种区分有些得到了现代植物分类的证实，而在当时，也会把两个不同的相邻物种当成同一种植物的雌雄形态，例如两种松树。

给树木分雌雄主要依据两个标准。一方面看是否结果实，结果实的树很自然就被定为雌性，不结果的则是雄性。但究竟怎么算不结果是个可以探讨的话题。[①] 如果一棵树的果实很小，肉眼看不到，那么这棵树也会被看作是雄性的。另一个标准是树形。拿柏树来说，细高个儿是雌的，横长的则是雄的。通常情况下，身形瘦长的是雌树，矮小粗壮的是雄树。此外还要考虑树皮的质地和颜色：雄树粗糙，雌树光滑；雄树黯淡，雌树明亮。[②] 这种性别区分显然带有人类中心主义的烙印，是泰奥弗拉斯托斯自己开篇就主张避免的。只是不管这位植物学家怎么说，他对植物的描写总难免搬用动物和人类生理学的框架。更主要的是，这些观念范畴是由古人定义男女也即性别的那套标准铸成。泰奥弗拉斯托斯称，这套分类标准是伐木人和其他林木方面的专业人士所采用的标准。[③] 在借用的同时，他已清楚地知道自己的著作实际上是对大众知识的一种回应。他只是偶尔指出这些预设中存在的固有矛盾。

例如，为了更好地描述枞树挺拔的树形、它那唯一主干，以及竖直的树枝，泰奥弗拉斯托斯将它与枝条呈弧形、更曲折、更舒展的橡树对比。事实上，橡树曾使荷马想到阳刚与战争。赫克托尔充满激情地率领特洛伊战士进攻希腊军营盘，遇到两位把守

---

① 同前，卷三，3，4。
② 同前，卷三，9，6。
③ 同前，卷三，9，3。参阅普林尼《博物志》，卷十六，47。

在高门前的勇士:"他们就像山岭上的橡树,昂首挺胸,风里雨里,日复一日,纹丝不动地矗立在又深又壮的树根之上。"[1] 我们这便明白,德律俄佩,"橡木小姐",为何没有变形为她的名字所代表的树了。有些树,谁也不会觉得它们会是雌性。此处,古代植物学话语和神话取得了一致。

但不能单凭这个例子,就认为在树木植物学描述中的性别分类标准,与植物变形神话故事中的性别分配有着系统的关联。实际是,虽然诞生自变形的树木,它们的名称是阴性的,但还是被认为拥有两种性别,其中不结果实的为雄性。

这些神话中女孩变形而来的树,前面已经提到,绝大多数拥有高挑笔直的树干。而且它们大部分四季常青:月桂、柏树、松树、枞树、柽柳都不是落叶树。[2]

其中好几种会流淌浆液,比如皮提斯变成的松树和厄拉特变成的枞树。用来修饰它们的定语"落泪"并不是比喻——要么就是语言中的一个"特定比喻"。这是一个专业术语,指的是树脂的分泌,或是天然,或是出于人工干预。这个用词有意无意地将植物拟人化了。同样,泰奥弗拉斯托斯和普林尼会说某种植物"喜欢"日照,"偏好"干燥的土壤,"不喜"被栽种在黏土地里。我们现在也这样说,没人会怀疑我们是万物有灵论者。

泰奥弗拉斯托斯著作的第九卷论述植物的汁液,那是植物潮湿本性多少可见的表现——我们知道,潮湿是亚里士多德用以定义阴性的一个标准。泰奥弗拉斯托斯对树脂的分泌表现出浓厚的

---

[1] 泰奥弗拉斯托斯,《植物研究》,卷五,6,7;《伊利亚特》,卷十二,132—134行。
[2] 普林尼,《博物志》,卷十六,79。

兴趣。① 此外，植物学描述还包括木材的功效和工艺用途：普林尼对这方面的记载非常系统，泰奥弗拉斯托斯则略无章法。

没药树

比如，泰奥弗拉斯托斯将没药树——希腊语 *smyrna*——归在名贵产脂植物的章节中介绍，与用于制备乳香和香膏的树种，以及来自阿拉伯半岛的芳香物质和芳香植物同列。可见此处是用途和产地主导了植物分类。泰奥弗拉斯托斯对于树木的认识并不直接，而是取决于为他提供信息的人。他将没药树描述为一种棘状的小树，从树的底部分出许多树干，长着错综、带刺的枝条。② 普林尼则根据收集到的传闻补充说："一些人称没药树和刺柏很相似，刺柏更粗糙，刺更多。"

以上这些特点与女孩变形之树的标准美完全相反。（当然，变形为没药树的米拉首先是一位未婚母亲。）然而，奥维德——他也从未见过香料树——丝毫没有受这些描写的影响，他把米拉变成了一棵细长的树。泰奥弗拉斯托斯则完全没提神话。他用很长的篇幅叙述了树脂的分泌：自然渗出，尤其还有人工割取。树脂会流到地面，或积在树上形成树胶。泰奥弗拉斯托斯详细记录了收获树脂的步骤以及树脂贸易。普林尼也做了同样的记录。科学材料与神话材料归结为两道全然平行的轨迹，二者互不干扰。但是古人还是会两相对照，就像后来为奥维德的作品制作插图的

---

① 泰奥弗拉斯托斯，《植物研究》，卷九，1，1；普林尼，同前。
② 现代植物学橄榄科没药属（*commiphora*）和乳香属（*boswellia*）下分别有多个品种：参阅苏珊娜·阿米格对泰奥弗拉斯托斯《植物研究》（卷九，1，2；卷九，4，2）的评注。

画师和基于《变形记》搞创作的艺术家那样，得出没药树裂开，产下一个沾着芳香树脂的孩子的画面。

杨树

我们本来预备看到杨树跻身"落泪"树木之林。但并不是这样。白杨和黑杨，希腊语 leuké 和 aigeiros，拉丁语 populus alba 和 populus nigra，这两种杨树公认喜欢潮湿的环境，产出的木材也是潮湿的；泰奥弗拉斯托斯称杨树不适合用来烧柴，因为杨木在燃烧时会像湿柴一样冒烟。杨树树干笔直，被认为不会结果[1]：泰奥弗拉斯托斯说它们既不开花也不结果——这并不准确。白杨树的树皮会随树龄增长开裂，但泰奥弗拉斯托斯和普林尼都没提到有汁液流出。不过有一点引起了他们的注意。泰奥弗拉斯托斯指出，白杨树，还有椴树、榆树等，这一类树的树叶在夏至过后会翻转。原本朝下的，泛白的一面——朝上那面是绿色——会迎向太阳，以至于整棵树似乎也跟着变了颜色。泰奥弗拉斯托斯措辞比较谨慎，他说叶子"似乎会翻转"，不过这一现象确乎得到了证明。[2] 提及这种向日性可能与日神赫利俄斯的女儿们变形为杨树的神话有关，在某些版本中她们就变成了白杨。[3] 但泰奥弗拉斯托斯一点没提赫利阿得斯姐妹和杨树可能会分泌的树脂。他也没提琥珀，这不在他的主题范围内。普林尼则相反，他计划更

---

[1] 泰奥弗拉斯托斯，《植物研究》，卷五，9，5；卷三，14，2。
[2] 同前，卷一，10，1，苏珊娜·阿米格的评注；同样参阅泰奥弗拉斯托斯的《植物之生成》，卷二，3，1；普林尼《博物志》，卷十六，35，85s。
[3] 但是罗德岛的阿波罗尼俄斯和菲洛斯特拉图斯说是黑杨：见上文。

宏大，他要盘点整个世界的历史及内容。他在《博物志》第三十七卷列数适合制作奢侈品的奇珍异宝时提到了琥珀。女性趋之若鹜的金色琥珀，在这位严格的道德家看来是"僭宠之物"，他要以此为契机"戳穿希腊人的谎言"①。让我们引用一段："法厄同被雷劈死，他的姐妹大哭不止，被变成杨树；每一年她们的眼泪都会在厄里达诺斯河——现在称为波河——岸边生成 electrum［琥珀］；之所以叫 electrum 是因为太阳有 Elector［希腊语中意为光耀］之称。这是许多诗人所讲，最早的几位，我记得是埃斯库罗斯、费罗萨努斯［Philoxenus，约前435—约前380，古希腊酒歌诗人］、尼坎德洛斯、欧里庇得斯以及萨提洛斯［Satyrus，生平不详］。来自意大利的证言推翻了这一切。"

普林尼随后列举了一长串古希腊作家对琥珀产地及众多琥珀起源信仰的胡言乱语，一一驳斥。通过普林尼的记录，我们才了解到这些信仰，否则它们可能再也不为人知。普林尼的疾言厉色和他的小算盘一样有趣。他小心翼翼，一字不提奥维德，但是他不可能不知道奥维德。事实上，他在这通批判开头所讲的神话故事正是来自《变形记》的版本，他做了个概述，最后还影射了拉丁姆地区年轻女性用琥珀当首饰的内容②。他也顺便把泰奥弗拉斯托斯给拖下了水，说"泰奥弗拉斯托斯称那［琥珀］是从利古里亚的地里挖出的"。就这么简短的一句，但在泰奥弗拉斯托斯现存著作中找不到，至少在他的《植物研究》中无迹可寻，因为那里边并没有谈到琥珀。

---

① 普林尼，《博物志》，卷三十七，31—41。
② 奥维德，《变形记》，卷二，366 行。

于是普林尼总结说："全是一本正经胡说八道。琥珀这东西平平无奇，每天都能采到，撒个谎很容易就能看穿。这根本就是在嘲笑整个世界，厚颜无耻地编讲故事，叫人无法忍受。"

批完了希腊人和他们的谎言，普林尼立刻亲自奉上琥珀的真相，并解释了琥珀的来源。正如我们现在所知，琥珀是从波罗的海经水路到达的波河流域。普林尼的愤慨使我们了解到，关于琥珀这种珍贵甚至神秘的物质竟然存在如此众多的传说，而丰富多样的民间信仰以及普林尼本人对于传说的兴趣并未改变他对科学的严谨态度[1]。

芦苇

普林尼提到芦苇的时候也是如此，不过语气要平和得多。读者若对芦苇被归于树木一事感到诧异，那一定是因为他了解植物学，或是受了拉封丹寓言故事的影响——拉封丹把芦苇描写为一种柔软易折的植物。确实，"生长于湿地，多年生，茎秆中空，近木质化"的芦苇在今天被归于禾本科。换句话说，芦苇是如假包换的草，即便其直立的茎秆可高达三米。普林尼对芦苇的研究见于《博物志》第十六卷，这卷从头到尾都是树。泰奥弗拉斯托斯则把芦苇收在《植物研究》第四卷，与潮湿环境中的各种柳树和杨树为伍[2]。因此对于他来说，芦苇无疑也是一种树。奥维德用 *calamus*［拉丁语：芦苇］一词的复数形式指代水中宁芙叙任克

---

[1] 希罗多德已经对与琥珀相关的传说提出了质疑（III，115），但普林尼没有提及。
[2] 泰奥弗拉斯托斯，《植物研究》，卷四，11，10。

斯消失的那丛"苇秆"。*calamus* 一词是从希腊语 *calamos* 直接翻译过来的，因为拉丁语指芦苇原有自己的词，*canna* 和 *harundo*，奥维德也用过，他还用过另一个希腊语单词 *donax*。而在描述不同种类的芦苇时，普林尼还使用了 *syringias* 一词，指"一种中空的，也就是说既无木也无肉，但如其名称所示，适合用来做箫管的品种"。① 这个词早先并未出现在泰奥弗拉斯托斯的文字中，② 后世编纂者根据普林尼的文本做了还原。

两位学者用很长的篇幅描写了芦苇，理由是芦苇的实用价值很高。这种闲笔，用今天的眼光来看，像是打断甚至搅和了原本说好的分类，其实是古希腊古罗马时代思维及其功用的特征：科学观察与社会生活并不割裂。不仅仅是驯服的作物，所有植物都是人类生活固有的组成部分。而且全体生物都是如此。总之，他们列举了诸多芦苇制品：纸张、芦笔、箭、屋顶、栅栏、支架、弓、钓竿，当然还有乐器，却完全没提排箫。他们盛赞波奥提亚科派斯湖出产的"箫管芦苇"——希腊语 *auletikos calamos*（法语 chalumeau［芦管，芦笛］一词即衍生自其名称），在奥洛斯管的制作上花了大量笔墨。严格来说，这种乐器并不是箫，而是由两根管子和簧片组成的乐器，接近我们的单簧管，广受欢迎，非常普及。因此两位作者巨细靡遗地记录了奥洛斯管的制作细节：采伐时令，切削方式，开料时对芦管部位的选择，尤其是用于制作簧片的部分，要靠这薄薄的一小片振动产生声音。簧片在希腊语中是 *glossa* 或 *glossis*，本可与恋爱的潘神那充满激情的亲吻挂上

---

① 普林尼，《博物志》，卷十六，164。
② 参阅苏珊娜·阿米格对泰奥弗拉斯托斯《植物研究》的评注，卷四，11，10。

钩——他没能得到宁芙，但他的吻穿透了宁芙重组的身体。但遗憾的是，潘笛似乎没有簧片。

不厌其烦地介绍完"箫管芦苇"，泰奥弗拉斯托斯又提到了另一"中空，既无木也无肉"[①]的品种。照搬泰奥弗拉斯托斯的普林尼在此补充说该品种特别适合用来制作"管子"或曰 *fistulia*，名为 *syringia*。我们已经提过，编纂者在泰奥弗拉斯托斯的著作中"复原"了该词。普林尼引入这一细节，难道是受了奥维德诗歌的影响？因为他的诗歌证实了宁芙叙任克斯（Syrinx）的贞操？此前，晚于泰奥弗拉斯托斯的诗人忒奥克里托斯在《排箫》（*Syrinx*）这首晦涩的图形诗中刻意隐晦地指出了潘神在该乐器的发明中所起的作用。泰奥弗拉斯托斯之所以没有提及这一普林尼称为 *fistula*——"管子"，拉丁作者确实以此称呼潘笛[②]——的乐器，那可能是因为这种粗俗之物——就像我们的竖笛——地位远远不如奥洛斯管，后者在希腊和罗马的社会与宗教活动中"不可或缺"，以至于——普林尼说——引来"古人的赞誉"[③]。

忘忧树

关于忘忧树（*lotos*），泰奥弗拉斯托斯又说了些什么呢？首先，它和同名的水生植物，我们法语的 lotus，莲花，睡莲，毫不相关。其次，叫忘忧树的有两种树。第一种，据信为朴树，关于

---

① 同前，卷四，11，10。在苏珊娜·阿米格看来，这是芦竹（*donax* 或 *arundo*）。
② 维吉尔，《牧歌》，2，37；提布鲁斯 [Tibullus，约前 50—约前 18，古罗马挽歌诗人]，《挽歌》，2，5，31；西塞罗，《论演说家》，3，225。
③ 普林尼，《博物志》，卷十六，168。

这种树，泰奥弗拉斯托斯没说太多，他仅仅提到这是一种木质干燥且没有肉质的树。① 关于另一种，泰奥弗拉斯托斯叙述得多一些：这是一种高度适中的树，有许多品种，可通过果实来区分。其中一个品种是《奥德赛》中罗多法日人［Lotophage，意为以忘忧树为食的人］的树，这种树的果实香甜诱人，吃下就会遗忘过去。它们像葡萄那样成熟，像香桃木的浆果那样紧实。② 这就是今天的枣树。在奥维德的诗篇中，德律俄佩这个倒霉姑娘不巧伤到了忘忧树，结果自己也因为变形传染而变成了一棵忘忧树。可以认为那是一棵枣树吗？朴树和枣树都结果，只是朴树的果实不怎么美味。这种结果的特性或可与女主人公的母亲身份挂钩：德律俄佩是在生下孩子后变成树的，她并没有像另几名变成树的女子那样想要保持处子之身——她们都变成了被认为不结果的树。反驳意见会说传染性的忘忧树本是宁芙洛提斯变来的，她也是个处女。就让我们把理性思维放一边吧。神话并不总讲逻辑，诗人也是如此。

月桂树

再来谈谈月桂树。说实话，对于这种希腊语称为 *daphné* 的树，泰奥弗拉斯托斯没有做过多的描述。他只说月桂树的树干很光滑，没有木节。说它和香桃木一样可以人工种植。说月桂树不畏寒，在奥林波斯山上有很多。但是在拉丁姆地区潮湿的平原

---

① 泰奥弗拉斯托斯，《植物研究》，卷一，5，3；8，2。
② 同前，卷四，3，1；普林尼，《博物志》，卷十六，168。泰奥弗拉斯托斯，《植物研究》，卷十三，105。

上，泰奥弗拉斯托斯写道，有许多品种优异的月桂树与山毛榉和橡树生长在一起。① 这条记录把我们带向罗马，果然，普林尼谈起 *laurus nobilis*〔月桂树的拉丁语学名〕滔滔不绝。他指出月桂树是阿波罗的神树，其木性热。和泰奥夫拉斯托斯一样，他三言两语就讲完了月桂木的特点，② 但记录了非常多的其他有关这些大树的细节，列举了许多品种，虽然不免有些混乱。他说，有一种得尔菲月桂，人工种植，"青翠欲滴，浆果很大，偏红。人们用它编织桂冠，在得尔菲授予优胜者，在罗马则授予凯旋者。"但他也提到王者月桂——在他的时代开始被称作奥古斯都月桂。稍后他又对胜利月桂居然是不结果的品种感到惊讶。在普林尼的描述中，既有植物学描写，又混杂着对月桂用途及多重优点的介绍：月桂是胜利之树、和平之树，因为它传递着休战的信息；在门口饰以月桂能守护屋宇，"连历代恺撒和大祭司的门上也有"。普林尼记载了许多轶闻，透露早在王政时代，罗马的君主就曾向得尔菲送出礼物，再从那儿带回神谕。他尤其还说月桂是唯一不会被雷电击中的树，因为月桂厌火，"表现为一阵跳动以及某种拒斥，因为月桂木会像内脏和神经那样扭曲。提贝里乌斯皇帝在雷雨天会头戴桂冠，以避免被雷电击中"。③ 普林尼还记录了其他令人难忘的事情，直接与神圣的奥古斯都大帝有关。

普林尼赞美月桂树所展现出的热情和激情——我只传递出其中的一小部分——使人觉得从希腊语的 *daphné* 过渡到拉丁语的 *laurus*，月桂树的地位得到了显著提升。这是因为泰奥弗拉斯托

---

① 同前，卷四，5，3；卷五，8，3。
② 普林尼，《博物志》，卷十六，207；泰奥弗拉斯托斯，《植物研究》，卷五，3，3。
③ 普林尼，《博物志》，卷十五，135。

斯只做纯粹的植物学描述，并没有谈及阿波罗之树在希腊、尤其在得尔菲那广为人知的社会功能与神圣地位。[①] 而立志书写一部百科全书的普林尼则相反，在记录月桂树的希腊传统以及罗马与得尔菲的交往的同时，他致力构建月桂树作为罗马帝国象征的光辉形象。事实上，如《博物志》序言部分所说，这部巨著是献给提图斯皇帝［39—81，罗马帝国弗拉维王朝的第二位皇帝，79—81在位］的，想必是当时的规矩，但这也解释了书中夸张的笔调。从这个角度来看，比普林尼稍早，奥维德笔下的达佛涅就已经非常罗马化了。命运的安排将使她经由贝尔尼尼的妙手，成为博尔盖塞别墅中永远的罗马达佛涅。

柏树

关于柏树，古代植物学又是怎么说的呢？普林尼没写什么好话："柏树生长得不爽气，它的果实没什么用处，它的籽叫尝到的人五官扭曲，它的叶子也很苦涩，它的气味非常重，就连树荫也不讨人喜欢；它也提供不了多少木材［……］柏树是普卢同的树，因此人们将柏树放在门前以示家有丧事。"在另一处他又说柏树不结果实，但我们无法判断他说的是雄树还是雌树。[②] 他说雌柏身姿细长，看起来像一个纺锤；雄柏身宽体胖，更偏向于往横里长。柏树四季常青，春季开花；种植柏树回报很好，柏木既结实又耐用，光泽非常持久，一些用柏木制成的木雕足以证明这

[①] 参阅苏珊娜·阿米格《古代植物学研究》第236页。
[②] 普林尼，《博物志》，卷十六，139—142；另说见卷十六，211。参阅泰奥弗拉斯托斯的《植物研究》，卷一，8，2。

一点。这些描写令人无所适从。当然,普林尼前后矛盾的记载其实分属不同品种。奥维德描写了库帕里索斯变成的柏树,他是这样写的:"头发竖立起来,直挺挺地指向天空"。① 若根据植物学的标准,这就是一棵雌性柏树。

和神话材料相比,对有关上述树木的植物学记录的检视收获有限。泰奥弗拉斯托斯非常谨慎,拒绝将大众信仰混入科学描写。他在另一著作《人物素描》中描绘了一个"迷信者"的肖像,从中便可一窥他的取舍:"迷信者"整天在嘴里叼着一根月桂树树枝。② 泰奥弗拉斯托斯顶多只是确认神话故事里由女孩变形而成的树身姿细长,毕竟他对植物的看法脱不出那个时代的精神氛围,或至少是他的个人喜好,尤其在区分雌雄的标准方面。不过读罢植物学描述,我们还是可以注意到这些植物有若干共同特征。它们整体上是四季常青的,同时也是不结果实的。果树不在"女树"的清单里头。繁殖力与这些少女不惜一切代价拒绝发生性关系的处女身份无法兼容。两个例外,情况的确特殊。一个是德律俄佩,这位年轻的母亲变成了会结果实的枣树——或者是朴树;另一个是米拉,绝对意义上的"女儿母亲"[fille-mère 的字面直译,通常译作"未婚母亲"],因为她与父亲乱伦产子,这种边缘化的生育行为通过没药树奇特的繁殖力体现出来——该树产出的是神奇、珍贵的汁液。于是我们便明白,为什么诞生自少女之死的唯一一种结果实的树木,从因绝望而自缢的费利斯的坟头长出的那棵扁桃树,竟是一棵没有叶子的树。

---

① 奥维德,《变形记》,卷十,139—140 行。
② 泰奥弗拉斯托斯,《人物素描》,XVI, 2;参阅苏珊娜·阿米格的《古代植物学研究》,前引。

普林尼则没泰奥弗拉斯托斯那么严格：他既不拒绝故事也不拒绝神话……有时候是为了推翻它们，但也不全是这样。比如在树木部分，写完常春藤之后，他写"穗菝葜，被有些无知的人当作常春藤使用，玷污了节日庆典"。在此，他影射的是少女斯弥拉克斯对克罗科斯的爱恋，"结果导致她变形成了这种灌木"。穗菝葜之所以名声不太好，普林尼认为由来就是这个悲伤的故事，导致它被禁止用于宗教仪式和花冠编织，因为它是不祥之兆。①泰奥弗拉斯托斯在描写这种攀缘藤本植物时并没有提到这些事情，只说它会像常春藤那样攀附在其他植物上。穗菝葜的白色花朵闻起来近似水仙，会结出红色的果实，很像葡萄串。泰奥弗拉斯托斯再次提到穗菝葜，是在介绍制作花冠的植物的末尾，因为穗菝葜的花"可用"。② 我们估摸着要从茎上取下，因为穗菝葜茎上的刺太多了，实在想象不出会把它戴到头上。穗菝葜的茎顶多用来制作装饰性的花环。比如把克罗科斯变成的番红花钉在它的棘刺上，因为这是一种依附性、进取性很强的植物，就像不幸的女主人公斯弥拉克斯在神话的某些版本里的表现。

对比两位学者的描述，泰奥弗拉斯托斯缄口不言的内容一清二楚。而从普林尼的广征博引中，我们得以辨别某些神话故事里，哪些是根植于想象、来自更原始的神话信仰的部分，哪些又来源于大众共有知识以及传统习俗。两位作者之间的差异也使我们略窥奥维德在"翻译"并再创作希腊神话时所做出的选择。

接下来我们谈一谈花。

---

① 普林尼，《博物志》，卷十六，153—155。
② 泰奥弗拉斯托斯，《植物研究》，卷三，18，11—12；卷六，8，3。穗菝葜的根可供药用。今天，穗菝葜因为被用于制作蓝精灵的魔法药水而知名。

植物学：花

风信子、番红花、水仙花、银莲花、堇菜花，由男孩变形而成的花在数量上比由女孩变形而成的树还要少。泰奥弗拉斯托斯在《植物研究》汇总"半灌木"的第六卷中研究了这些花，但是他将这些花归入一个特殊类别——"花冠植物"，里面还包括草本植物。这背离了其建立在形态学基础上的分类规划，泰奥弗拉斯托斯对此心知肚明。他的依据是他所谓的 *stephanomata* 即"花冠植物的性质"。花冠与花环的文化分量极重，以至于泰奥弗拉斯托斯认为"花冠植物的性质，*physis*，决定了需要对它们单独分类"[1]。普林尼《博物志》第二十一卷《花和花环的性质》的开篇进一步对此作出阐释："其他植物，大自然创造它们是为了提

---

[1] 泰奥弗拉斯托斯，《植物研究》，卷一，3，1；卷六，1，1；卷六，6，1。

供食粮和照护，因此给予它们数年乃至数世纪的寿命。但是大自然创造出花朵和芬芳，却只给它们一天时间，这重要的一课显著地向人类表明，绽放得越是绚烂，凋谢得越是迅疾。"这本是一个文明现象，现在成了一个"自然"事件，因为是大自然的意愿。但这就使得泰奥弗拉斯托斯的描述，尤其是我们的当代解读变得复杂了。因此，我们有必要亦步亦趋地跟紧他的步骤。

泰奥弗拉斯托斯是在描述过野生的半灌木之后，才谈到花冠植物这个特殊门类的。根据使用部位，他将花冠植物分成两组，第一组只用到花，不管它们有没有香味，第二组提供枝叶，整体来说是有气味的。若干种是一年生植物，另一些则是多年生植物。有些植物品种单一，有些则品种多样（但好像堇菜花除外）。随后是一系列专门介绍蔷薇花和堇菜花的短论，他提醒说，切勿混淆紫罗兰与堇菜花[①]。紧接着，轮到百合花，*ta krina*，复数，它们有各种各样的颜色，肉质根庞大，呈球状。再下来是水仙花，有两种叫法：*narkissos* 和 *leirion*。水仙花的叶子与百合花相似，茎为草质，顶端开花，之后结果；其肉质根粗壮，呈球状。泰奥弗拉斯托斯称水仙开花晚。最后是番红花，它也是草本植物，开花很晚……也可以说早，"取决于怎么理解它的开花季节"。下文我们还会专门讨论有关番红花的描述。蔷薇，堇菜花，百合，水仙花，番红花，这一系列被一起编入花冠的花，与诗人们提到的那些花，几乎分毫不差。

[①] 他反复强调这一点，因为同一个名称 *ion* 可指这两种植物，区别仅在于表示颜色的形容词。

四季和花期

　　介绍完这些，泰奥弗拉斯托斯开始叙述花冠植物的繁殖方式，以及它们一年四季先后生长、开花的顺序。间杂在其他花卉之中，上述花卉再次出现，而新的描述补充和细化了先前的内容。首先是最先开花的花冠植物，次为雪花莲——同样也可称作堇菜花["白"堇菜花]，再次野金盏花，第四便是水仙花，*narkissos* 或 *leirion*。这应该是某种人工栽培品种，因为随后提到的两种花卉被标为"野花"，它们是银莲花和"有时也会被编入花冠"的蓝壶花——*bolbos*。接下来还有许多，主要有野堇菜[*Viola Odorata*, 香堇]、"草地"银莲花[*Pulsatilla patens*, 肾叶白头翁]、菖兰——*xiphion*，风信子的一个品种，以及几乎所有山花，泰奥弗拉斯托斯称它们都可以"用入[花冠]"。最后是蔷薇。这些花都开不久，除了风信子，不管是野生还是栽培品种。至于堇菜花，照料得宜，一年到头花开不断。以上便是在春季盛开的花。接着，泰奥弗拉斯托斯列举了在夏季盛开的花，其中有百合花和 *pothos* 花。*pothos* 在古希腊语里有"遗憾"的意思，这种花的"一个品种开出的花很像风信子；另一个品种的花颜色苍白，花期更加持久，被用来装饰墓地"。夏季开花的还有鸢尾。秋季开花的则有另一个品种的水仙花——*leirion*，和生长于山地、没有气味的番红花及其人工栽培种。这些花在第一阵秋雨后开放。"[编织花冠]还会用到野火棘的果子，和穗菝葜的花"。

　　"四季轮回，每种花次第开放……"泰奥弗拉斯托斯如是总结。大自然使得人类永远不缺花。

有几点要说明一下。关于能用来编织花冠的花朵，泰奥弗拉斯托斯记载的种类要比诗人写到的多得多。我已经对这份清单做了删减，删去了一些虽然诱人，但看起来对我们的讨论没什么用的花，如阿福花（asphodèle）、不凋花（immortelle）、石竹（œillet）、牛至（marjolaine）和欧百里香（serpolet），以及另一些后来转译的学名或俗称令人不快或平淡无奇的种类。因而诗人写到的花是严格挑选的结果。

此外还应注意，同一个名称可以指不同的物种，例如紫罗兰和堇菜花。反过来，同一物种也可以有不同的名称，水仙花便是这种情况，可以叫作 narkissos，也可以叫作 leirion。我们当然知道，同一种植物在不同地区会有各种叫法，但泰奥弗拉斯托斯却是以植物学家身份使用不同名称的。最后，对于每一种植物，他都列出不同品种，有些是按照花期来分，有些则根据一些次要的标准。不同品种经常被拿来比较，或并举以示相近，或对置以显相异，材料以多种方式组织在一起。

花冠和花环

还须指出，对于花冠的制作，泰奥弗拉斯托斯未作任何技术性说明——但在谈到芦苇以及奥洛斯管制作的时候，他是多么详尽、多么精准。普林尼比他记载得多些，但偏重历史沿革，而不是制作技艺。话虽如此，他还是提到了两种方法，语言晦涩，可透过德尔图良［Tertullien，约155—约220，基督教宣传家］的《论花冠》（De corona）来读便很清楚，那就是编织法和穿线法。当今有一些非常详细的研究，从文本、图像、物品——复制品或一些奇迹般保存下来的 realia［拉丁语：实物］——出发，揭示了花冠制作工艺的复杂程度以及制作方式的多样性——至少对于罗马时代来说是这样。① 交错编织，螺旋编织，在灯芯草或其他芯材上缚结，用穿线或扦插的方式固定花朵，甚至缝合花瓣。各种花卉，各种颜色，各种芬芳，可以有无穷无尽的搭配。总的来说花冠编织是一门真正的技艺，一门在普林尼记载的轶闻中被视作属于女性的技艺。画家泡西阿斯和他的恋人，女花匠格吕刻拉，他的"亲爱的"，比试高下。"他用绘画摹绘她的作品，她则给他出难题，不停地发明新的搭配。"普林尼总结说："这是艺术和自然之间的较量。"当然，画家最后赢了这场比赛，因为他为深爱的花匠画了一幅肖像。② 普林尼在《博物志》绘画专卷中称这幅题为 *Stephaneplokos* 即《花冠编织女工》的画是泡西阿斯最著名的作品之一，当时他再次提到这个爱情与艺术交织在一起的故事。③ 的确，他在记述中把年轻女花匠的手艺称作 *ars*——这个词同时指艺术和技术，但尽管发明了种种新的花卉搭配，格吕刻拉也只是在被爱人当作绘画主题——或者对象——之后，才在这一行业中扬名。因为画家在与女花匠的比试中，凭借他摹绘无数种花的才华超越了后者。一方面，这是高雅的绘画艺术和"次等的"或者说"瞬息即逝的"的花艺创作之间的对决；另一方面，这是艺术和自然之间的对立：艺术是男性专属的文化，而女性仍然与自然紧密

---

① 参阅书末"参考书目"中所列的热尔梅娜·纪尧姆-夸里耶的研究。
② 意大利文艺复兴时期，绘画与花冠制作这两种艺术形成另一种联系：画家多梅尼科·比戈尔迪［Domenico Bigordi, 1449—1494，佛罗伦萨名画家，米开朗琪罗之师］的外号吉兰达约［Ghirlandaio, 花冠匠人］来源于他父亲，这位金匠以善于为佛罗伦萨女青年制作花冠［意大利语 ghirlanda］式的头饰而闻名。
③ 普林尼，《博物志》，卷二十一，4 和卷三十五，123。

相连……众所周知，自然产生花朵供花冠编织所用。[1]

鉴于花冠生产的重要性，泰奥弗拉斯托斯为相关花卉在植物学中建立了一个专属类别，却不屑于在技术层面上着墨，或许正是因为人们对此太了解，至少比箫管制作了解得多。因为这是件不言自明的事，随便哪里，到处都能见到花冠编织，集市上，宅院里，都有女人、孩子，以及专门训练过的奴隶，用他们的巧手编织着花冠。

根

然而花冠植物的植物学描写并不到此为止。它们大部分都是草本植物，所以，泰奥弗拉斯托斯在接下来记录草本植物的第七卷中再次提及它们。讲完可食用的种类，即蔬菜后，他描写了田间的草类。一部分当然也能吃，而且它们都会开花。但之所以提到花，只是为了强调它们色彩丰富，艳丽动人，与树木开出的淡雅花朵形成极大反差——树木开花数量确实多，但论颜色仅有绿和有时候杂着一点浅红的白。此卷对草本植物的描写主要集中于它们的根、茎、叶。前文提到的那些花卉重新出现在根部膨大，尤其是球根植物的分类中。"有的圆，有的长，有的能吃，有的不能吃。"水仙花、番红花、风信子、银莲花以及堇菜花，它们或是长着圆圆的球茎，或是长着块茎或者更为细长的根茎，都被归入了同一类。这一类还包括鸢尾花、菖兰、绵枣儿——有时会

---

[1] 毛里齐奥·贝蒂尼（Maurizio Bettini）对照柏拉图的 *mimesis*（摹仿）概念对这则轶闻进行了评论，二者似乎存在部分矛盾。见《爱人的肖像》（*Il Ritratto dell'amante*，Turin, Einaudi, 1992）；法语译本 *Le Portrait de l'amant(e)*，Paris, Belin, 2011, p. 90。

被比作水仙花，以及蓝壶花——*bolbos*，由该词衍生出的 *bolboeides* 成了这一类球根植物的统称。

在这一类别中，有些球根可以食用，例如洋葱的鳞茎。它们的食用价值甚至是公认的，例如将菖兰的球茎捣烂与面粉揉在一起可以使面包更好吃；还有蓝壶花，蓝壶花的球茎有时非常甜，可以直接生吃。因此，蓝壶花具有双重用途：它的花葶柔软，所以它的花可以用来编织花冠，其次，它的球茎可以食用。蓝壶花被泰奥弗拉斯托斯列为花冠植物，但它并非由少男变形而来。它不会出现于诗歌中的花冠，也不会开放在史诗或抒情诗里作为众神艳遇之所的春季草地上。与此相反，水仙花、风信子以及番红花的球茎不可食用，至少理论上是如此。可以说，它们的用途集中于花朵。尤其是番红花，既可用来制作花冠，也可以食用——或更确切地说用于调味，更不用说还可用于染色。所有这些用途只与番红花的花朵相关，而与它的球茎无关。

泰奥弗拉斯托斯说，球根植物被认为是由"它们根部的新芽"繁殖而来。事实正是如此：球茎产生珠芽或者小鳞茎，它们从总球茎上分离后可产生新的植株。不过他在先前的分卷中对球根的定义也未可忽视，他写道："球根是一种胎儿（*kuma*），或者一种果实（*karpos*）。"[①] 称"果实"没问题，因为 *karpos* 这个词的确可以指繁殖的结果——本处为地下繁殖。但是 *kuma* 这个词，它指的是母腹中隆起的胚胎[②]，这就明显有一种拟人的意味了。泰奥弗拉斯托斯也知道在这些植物当中，某一些是从种子成长而

---

① 泰奥弗拉斯托斯，《植物研究》，卷七，13，4；卷一，6，9。
② 埃斯库罗斯，《报仇神》，659。

来。没错,因为无论是球茎培育,还是种子培育,这两种种植方法今天仍在使用。但是第二种培育过程——根据种子的大小——或多或少是肉眼可见的。而球根繁殖使得这些植物看起来像是在自主繁殖一样,并使得球根被当作繁殖的源头而大获关注。事实上,球根既不是根也不是生殖器官,它是储藏营养的地方。

水仙

对于花期甚早的水仙,泰奥弗拉斯托斯强调说水仙的花葶最先冒出来,将花朵高高托出。他说,当花葶枯萎、花朵凋谢后,水仙的叶子才会露面。因此,水仙也是首先被看作一种花。这一观察与他对番红花的描述颇为一致。春季番红花和水仙一样,也是先开花,叶子更晚才出现。只有个别植物才像它们这样先开花后长叶,这种时间差在泰奥弗拉斯托斯看来"引人深思(*echei skepsis*)"。① 这一思考结束了这部分介绍,似乎提示行文至此告一段落。他所采用的词语 *skepsis*(法语 scepticisme [怀疑主义] 一词的词源)指视觉观察以及这种观察所引发的思考、怀疑、研究,甚至思辨。泰奥弗拉斯托斯是想重新检验这些记载的准确性吗?普林尼也提到了这一点,但有趣的是,他是以番红花和绵枣儿为例。② 水仙不见了。然而,事实上,他们写的没一句是真的,只要看一眼我们自己的花园就明白了。除了秋季番红花③的某几个品种,以及某些蓝壶花,我们不得不承认,上述植物的叶子和

---

① 泰奥弗拉斯托斯,《植物研究》,卷七,13,2 与 7。
② 普林尼,《博物志》,卷二十一,106。
③ 学名 *Crocus pulchellus*。

花是同时长出来的。当然，它们的花葶总是高过所有叶片，长寿花也是——它只是一种花色全黄的水仙（或假水仙）而已[①]。某些品种的番红花叶子形如矛尖，非常细，也非常薄，围绕着开花的花茎——其实这并不是真正的茎，而是一支很长的花柄。花朵凋谢后我们或许才会注意到这些叶子。它们混在杂草中，或者藏在花朵率先冲破的枯叶之下，很不容易发现。难道开春之际，花朵初放所带来的视觉、审美和情感震撼如此强烈，以至于古人只看到、只愿意看到花？泰奥弗拉斯托斯是否怀疑过他的观察受到了当时那种意图把春天归结为花海的集体想象的影响？

在法国，在草地的绿茵之上制造这种花毯效果的主要是报春花，而不是番红花和水仙。[②] 奥维德的《岁时记》中，[③] 罗马花神佛洛拉亲自描述这令人无法抗拒的春季花海——关于这位女神的拉丁神话正是以此为基础：她原本只是希腊神话中的一个宁芙，泛绿的克洛里斯，被丈夫泽费罗斯移植到了罗马，统治群芳的世界，她用五颜六色的花朵覆满整个大地。波提切利的名画《春》和《维纳斯的诞生》即描绘了这一奇观，两幅画都把泽费罗斯和佛洛拉绘入，是他们共同主导了大地每一年的变装。而那不勒斯博物馆藏有一幅非常精美的斯塔比亚［Stabiae，庞贝附近古城，与庞贝同时毁于维苏威火山爆发］壁画，画家远在上述两幅文艺复兴时期的作品出现之前就已绘制了类似场景。

---

① 现代希腊语中，它叫"黄水仙"。植物学及园艺学对水仙品种有各种细分，长寿花被当成 *narcissus pseudo-narcissus*。
② 似乎可以允许我在此混淆时代作这番民族优越感的投射，因为其实古希腊文明对花比我们更为重视，因为在希腊，春季的花海被认为无与伦比。也许正是因此才有无数植物学研究关注罕有其匹的 *flora graeca*（希腊植物）。
③ 奥维德，《岁时记》，卷五，183 行起。

不幸的是，这些春季开花的花朵在夏季来临之前就会凋谢……就像赋予它们生命的男孩。叶子也会步花的后尘逐渐干枯。夏季，球根植物一派死寂。

现在，让我们依旧根据古代植物学描写，再来依次考察一下那些少男变形而成的花。

堇菜花和银莲花的情况很简单。这是两种传统上用于制作花冠的花。堇菜花出现在所有文字中，不管是诗歌还是泰奥弗拉斯托斯和普林尼列出的清单。银莲花只出现在两位植物学家的清单中。花冠编织只用到这两种植物的花。它们的花期都很早。银莲花先长出匍匐于地的叶子，不久后开花。三月的野堇有着宽大的肉质叶片，距离地面也很近。它的根部粗大，不过不是球根。虽然堇菜花这一名称模棱两可，同时也可指紫罗兰或雪花莲，但此处确实是指堇菜花。

不过银莲花有一个竞争者，是一种开放较晚的花，拉丁语为 *adonium*［意为"阿多尼斯花"。而神话中阿多尼斯变形而成的是银莲花，故前文称"竞争"］，俗称"血滴"。有人说这种花是普林尼生造出来的，源自他在翻译泰奥弗拉斯托斯的文字时所犯的一个错误。①这个错误倒也派上了用场，至今还有一种很漂亮的花以它命名［指 *Adonis aestivalis*，夏侧金盏花］。

对奥维德笔下水仙花的判定没有任何问题。诗人说这是一种"番红花黄"——拉丁语 *croceum*——花心的花，周围的花瓣呈白色。在描写水仙花花心的时候提到番红花并非无意之举，它将两

---

① 普林尼，《博物志》，卷二十一，60，以及雅克·安德烈的注释；泰奥弗拉斯托斯《植物研究》（卷六，7，3）写的是发芽迅速的 *habrotonon*［欧亚碱蒿］在阿多尼斯花园中的用途。

个神话故事里的男主人公联系在了一起,正如植物学家在这两种花之间做比较,花冠编织工也把它们编到一起。不管怎样,这种花心呈橘黄色、花瓣洁白的水仙只可能是我们熟知的花期甚早、泰奥弗拉斯托斯称为 narcissos 或 leirion,而今学名 narcissus tazetta〔中文称"欧洲水仙"〕的那一种。

不过植物学家比较不同植物的目的在于区别它们,为每一物种存照,这或许表明公众对它们认知模糊,甚至多有混淆。这一点在诗人当中特为尤甚。比如,大地为诱惑少女科瑞而变出的水仙花被诗人描述为从根部冒出的数百朵花构成的花球,飘着异香。诗人用以指"花球"的单词 kodeia,本来指大蒜的众多小花聚成的隆起的花序(伞房花序或伞形花序),其实并不适合用来描述水仙花,因为水仙一般一个鳞茎开一枝花,最多也就四五枝,各有花葶,形成束状。即使考虑到诗歌带有一定程度的夸张,考虑到大地女神法力强大,我们仍然可以猜想,《献给得墨忒耳》一诗的作者实际上是将风信子开花的视觉效果转嫁到新生的水仙花身上了。风信子花柄非常短,开花又密,贴着花葶密匝匝挤作一团。在提到水仙花之前,作者就提到了风信子,它和蔷薇、番红花、堇菜花和鸢尾一道在草地上盛开。这首诗花了大段笔墨描绘水仙花及其诞生过程。因为是水仙花使得年轻的科瑞落入圈套,她被"这个美妙玩物"的耀眼光彩深深吸引,同时被它难以抗拒的香味熏得昏昏沉沉[①]。但诗人为了使这种新花卉的出场效果更强烈,把它写得如风信子一般花团锦簇。这种植物学层

[①] 水仙花会使人变得昏沉迟钝,关于这一点可参阅马切洛·卡拉斯特罗(Marcello Carastro)的《占星师之城》(La Cité des mages, Grenoble, Jérôme Millon, 2006, p. 79-87)。

面的混合具有不可否认的诗意效果。这也启发我们，不同的花朵是有可能融为一体的，尤其在诗歌当中。

普林尼还讲述了水仙花根部的药用价值，主要是外用："它会刺激胃，具有催吐、催泻的功能，它会刺激神经，使人感到脑袋很沉。"他还指出，这种花"之所被命名为水仙花，是因为它的麻醉剂功效，而不是因为神话里的孩子"。普林尼的这种说法既是其批判精神的表现，也不啻一种否定。要知道，那喀索斯（Narcisse）和水仙花（narcisse）之间的关系是当时的常识，"不言而喻"。而写到风信子，普林尼提到了与其花瓣"铭文"相关的两个"神话"：阿波罗的哀悼和阿贾克斯之死，却未作任何评论。①

番红花

番红花被普林尼赋予与水仙花相反的特性："它能助人解醒。一顶番红花花冠可以褪去酒意。番红花也是催眠药；它使人缓缓入睡。番红花还是春药。"②

对这种植物的描述中，有一点很奇妙。首先，泰奥弗拉斯托斯这样写："番红花的根很大很壮。这种花喜欢被踩踏，当它的根被持续踩踏时，开出的花会变得更美丽。因此，生长在路边和人流熙攘的土地上的番红花最漂亮。"③ 普林尼翻译成："摧残它，它会长得更好。"这一评价没有逃过研究者的注意。泰奥

---

① 普林尼，《博物志》，卷二十一，128，60。
② 同上，卷二十一，138。
③ 泰奥弗拉斯托斯托斯，《植物研究》，卷六，6，10；苏珊娜·阿米格译本。

弗拉斯托斯的说法似乎赋予了番红花情感，其实只是一种说法而已：在技术性表述中使用了比喻，就像前文中我们提到过的树木汁液的"眼泪"。不过这番拟人化或许反映了番红花在诗歌领域中的特殊地位。但认为这一材料透露了一种植物殉难仪式的线索，这就涉及到另外的视角，我们不会附和。[1] 苏珊娜·阿米格指出，球茎有长上地面的趋势，不断踩踏能把它们重新埋下，使得植株汲取到养分，长势更好。在苏珊娜·阿米格看来，这一植物学观察与克罗科斯的神话故事毫无关联。她认为，用一个"普通的具体"现象来解释少年克罗科斯被赫耳墨斯的铁饼压死是很荒谬的。我们当然应该避免过度阐释，但似乎也无法排除神话基于平凡小事产生的可能性。这一段也引起了约翰·沙伊德和杰斯珀·斯文布罗的兴趣，他们认为这可能是导致克罗科斯被赫耳墨斯的铁饼"压死"的原因之一。因为那同样砸到许阿铿托斯的铁饼，与碾磨谷物和将番红花的黄色柱头磨成粉末的碾轮颇为相似。这确实诱人联想，甚至对理解该神话的生成颇有助益。但或许要小心，别把这倒霉的番红花的花朵、球茎以及柱头一起碾碎。[2] 要注意的是，对于鸡冠花，普林尼写下了类似的评论，说"奇特的是，被采摘对它来说很受用，新芽长势更旺"。尚无研究人员对这又一例植物受虐狂记载发表评论。

---

[1] 引自伊莱亚娜·希拉西（Ileana Chirassi），苏珊娜·阿米格，《古代植物学研究》，同前引，第120页；这篇文章研究了锡拉岛（今圣托里尼岛）上的著名壁画。
[2] 约翰·沙伊德和杰斯珀·斯文布罗，《乌龟和七弦——走进古代神话制造》，同前引，第86—87页。

风信子

　　风信子是诗歌中最常见的花朵，它的情况就比较复杂。这一在奥维德笔下由许阿铿托斯死后变形而成的花卉，被苏珊娜·阿米格形容为"植物学怪物"①。但这种花朵紫红、花瓣上有斑纹、与百合花相似的植物并不是奥维德的发明。在他之前，忒奥克里托斯就写过一位多愁善感的农民如此歌唱爱人忧郁的美丽："就像首选用来编织花冠的紫黑色堇菜花和带有铭文的风信子"。他使用的修饰语 *grapta*——带有铭文，是阴性形式，这说明风信子的名称在此是阴性的——顺带提一下，和在泰奥弗拉斯托斯的作品中一样。②泰奥弗拉斯托斯并没有提到铭文，但是他将风信子花与 *pothos*——"遗憾花"对比。根据保萨尼亚斯的一段文字，或可认为这种"遗憾花"是"彩饰凉鞋花" *cosmosandalon*。保萨尼亚斯写道，在祭祀得墨忒耳的地母节期间，为体现这位女神的哀伤，"少男们会戴着由'彩饰凉鞋花'制成的花冠，这种花不管是大小还是颜色都很像风信子，并且花瓣上也有表示哀悼的铭文"。③紫红色并带有"铭文"，这样的特征我们已经在三种花身上看到了——也有可能它们其实是同一种花。但还有其他一些花，它们的花瓣上也有足以激起人们辨读兴趣的印记。其中包括几种在不同作品中被拿来和风信子作比较的花，如百合花，或者一种若干花瓣上会有很长两道白色印记的野生小菖兰，白道边缘

---

① 见她对风信子的鉴定研究《风信子，神话之花与现实植物》，收于《古代植物学研究》，第 397 页起；目前植物学分类里有 *scilla jacinthus* 或 *lilio jacinthus*［比利牛斯风信子］。
② 忒奥克里托斯，《田园诗》，X, 29；泰奥弗拉斯托斯，《植物研究》，卷六，8，2 与 3。
③ 保萨尼亚斯，《希腊志》，II, 35, 5。

呈胭脂红。① 根本不需等待字母文字在希腊出现,② 人们可能早就把这种"带有铭文"的花看作意义的载体了,并持续地赋予那些印记各种各样的含义,如悼念亡者的哀啼,稍后则是许阿锶托斯甚至阿贾克斯名字的首字母简写。在泰奥弗拉斯托斯对其进行严格定义——并非没有含混之处——之前,不管是在日常生活还是在诗歌里,*hyakinthos* 一词很可能包含许多花卉品种,从前的使用者并不觉得有必要用不同名称来区分它们。它为何不能是绵枣儿——诗人没有提到它们,但在林下灌木中极为常见,"远看"很像风信子?不能是蓝壶花——虽然它实际上与风信子很不一样(它看起来像一个非常紧的深紫色的铃兰花环),但很漂亮,花葶柔软,方便编织,只是它的名称 *bolbos* 不够入诗?不能是某些鸢尾——花瓣上很明显"带有铭文"?这些总比经常有人提出的飞燕草——*consolida ajacis* 更能说得通,这种生长在田间的美丽花朵,花冠上确实也有淡淡的标记,但它通过种子繁殖,根部也平平无奇。③

普林尼的叙述只是加剧了这种混乱的印象。他开列的花冠植物比泰奥弗拉斯托斯更多,我们从中还可看到矢车菊和长春花。他对于鸢尾花的论述可能令人惊讶。鸢尾花与我们的主题并没有

---

① 参阅赫尔穆特·鲍曼(Hellmut Baumann)的《雅典娜的花束——神话故事和希腊艺术里的植物》(*Le Bouquet d'Athéna. Les plantes dans la mythologie et l'art grec*, Paris, Flammarion, 1984, p. 143)。
② 这是约翰·沙伊德和杰斯珀·斯文布罗用以确定许阿锶托斯在神话故事中变为风信子的时代的论据(参阅《乌龟和七弦——走进古代神话制造》,同前引,第 86—87 页)。
③ 根据当代克朗奎斯特[Arthur Cronquist, 1919—1992,美国著名植物学家,他对被子植物的分类被视作以形态学、解剖学、化学等标准开展的传统植物分类的最后一个版本]植物分类法,百合科包含百合花、风信子、蓝壶花、水仙花和长寿花,还有大蒜、洋葱、分蘖以及韭葱。唐菖蒲则属于鸢尾科,后者还包含番红花。我们不应对泰奥弗拉斯托斯求全责备。如今从种系发生角度,这些植物分别又有新的归属。

直接联系，至少理论上是这样。一方面，普林尼将鸢尾花排除在花冠植物之外，之所以把它也列在此处只是因为它的香味。普林尼说，根据产地的不同可以将鸢尾花分成许多品种，但它们意义仅在于能用来制作香料和药物。鸢尾花（iris）的野生品种叫作 xiris，为"安抚土地"，采挖野生鸢尾时需要举行一项仪式：用一把剑切割土地，朝天空举起，全程使用左手，仪式之前要禁欲。[1] 普林尼还用很长篇幅介绍了鸢尾球根的药用和医用价值。我们只举一条：鸢尾球根可以催眠，但会导致男性无精……

更主要的是，普林尼有时会拿希腊语和拉丁语的花名做文章。他对专名学表现出很大的兴趣，从中获取的一些推论颇有价值。某些花只有希腊语名称，而没有拉丁语名称，这说明这些花是希腊人发现的。[2] 某些植物毫无用处，也就无人命名。相反，花冠花卉在不同的人口中有不同的名字。菖兰便是这样，它既叫 cypirus，也叫 gladiolus，"双刃剑"（泰奥弗拉斯托斯称其为 phasganon 或 xiphios，"剑"）。有一处值得我们多说几句，虽然涉及的也不是由少男变形而成的花。普林尼谈到了阿福花，荷马史诗中英雄们熟悉的一种植物，因为死后，他们将都漫步在覆盖着白色"阿福花花海"的厄吕西翁福地。他没有提荷马，只说人们"食用烤制的阿福花花籽以及在炉灰中焖熟的阿福花球根，配上盐和油，或如赫西俄德记载的那样与无花果一同捣烂，一道美味"。他指出，"希腊人，以毕达哥拉斯为首，对这种植物有两个称呼：他们用 anthericus 来称呼花葶和那野生韭葱般的叶子，用

---

[1] 普林尼，《博物志》，卷二十一，140—144。泰奥弗拉斯托斯也提到了这个与 xiris 相关的仪式（《植物研究》，卷九，8，7，见下引）。
[2] 普林尼，《博物志》，卷二十一，49。

'阿福花'称呼花根，也就是球根部分"。接着，他说："我们也是，我们也用两个称呼，还把它们分成两个品种。"对我们来说，普林尼是否混淆了两种近亲植物并不重要。关键是我们看到，在专名学上，一种植物会被切成两种。实际上，*antherikos* 从 *anthos*——"花"派生而来，泰奥弗拉斯托斯用以泛指花冠植物的名词就是 *antherikos*。[1]

对于风信子以及与风信子相似的植物来说，球根显然是一个非常重要的部位。普林尼对此所作的评论很有意思："风信子的球状根部为奴隶商人所熟知：搭配甜酒使用，它可以中断青春期，使身体不再发育。"这一说明应该来自希腊医生迪奥斯科里德斯，他说："这种植物的根部像一个球，使用白葡萄酒炮制，用到男孩身上，可使他们保持青春期发育之前的状态。"[2] 这种偏方的功效很可能只是暂时的，没有后来为保持阉人歌手美妙歌喉而使用的方法那般彻底。

普林尼这段简短的介绍又把风信子这一花冠花卉、球根植物归入另一类别——有药用价值的植物。他在这方面的叙述也很驳杂，有对此类植物的列举，与它们有关的方子，既包括治疗知识，也包括迷信想象。而这些植物长久风靡，它们的影响远远超出了古希腊罗马时代。[3]

---

[1] 参阅让-玛丽·维普顿（Jean-Marie Verpoorten）详尽的研究，《阿福花的希腊语名称和拉丁语名称》（«Les noms grecs et latins de l'asphodèle», *Antiquité classique*, 31, 1962, p. 111-129）；作者指出阿福花的众多名称之一为 *polyorchis*，意为"有许多睾丸"。作者还说，据赫叙喀俄斯 [Hésychius, 希腊语法学家，大约生活于5、6世纪] 记载，阿福花的一个名称 *gelenos* 也被用来指水仙花！
[2] 普林尼，《博物志》，卷二十一，170；迪奥斯科里德斯，《药物论》（*De materia medica*），IV, 62。
[3] 参阅居伊·迪库蒂亚尔的杰出研究，《古代的魔法植物和星象植物》，同前引。

对位

在我们集中探讨风信子以及其他迷人花卉的球根所具有的功效之前，应当稍稍提一下天芥菜这种唯一由女孩变形而成的花卉。泰奥弗拉斯托斯没有漏掉它，他将天芥菜归在"具有特殊性"的野生草本植物里。天芥菜属于那些随星体运行而开花的植物。确切地说，它会在"太阳的转折点"也就是夏至的时候开花。天芥菜花期很长，整个夏季会持续不断地开花。但是迪奥斯科里德斯医生认为天芥菜之所以叫这个名字（héliotrope）是因为它的叶子会在太阳落山时翻转。泰奥弗拉斯托斯也提到天芥菜植株倾斜，甚至匍匐于地，"让人感觉是一种伏地植物"，苏珊娜·阿米格评论说。① 这些细节可能涉及多种被称为天芥菜的植物，不过这并不重要。所有这些关于天芥菜的植物学描述集中起来，便与神话故事中不幸的克吕提厄形成一种呼应：目光紧随着太阳，她赤裸地坐在地上，披头散发，一动不动，最终扎根于大地。我们已经注意到奥维德在讲述这个故事时，强调克吕提厄趴在地上的姿势，说她几乎紧紧地贴在地面上。这幅画面与植物学实际是吻合的。

---

① 这位女学者可是很少作与神话有关的联想的：参阅她对泰奥弗拉斯托斯《植物研究》卷七，3，1 的评论。还可参阅卷七，15，1 及卷七，8，2；以及她的文章《太阳的未婚妻》（《古代植物学研究》，第 379 页起）。在《植物之生成》II, 19, 5，泰奥弗拉斯托斯解释了花朵开放程度会因受热和水分蒸发情况而变，但没提天芥菜。

俄耳喀斯,隐藏的主角

奥维德没有讲述俄耳喀斯(Orchis)的故事。可能因为《爱经》已经让他和奥古斯都之间闹得够僵了,据说他甚至因为这部作品而被流放。总之,《变形记》里没有俄耳喀斯。但我们可以像语史学家之于 syrinx(排箫-叙任克斯)那样,"重建"这个缺失神话的文本。

作为众多被神爱上的英俊少年之一,俄耳喀斯可能是西风之神泽费罗斯心爱的一名牧羊人。凭借其温柔的爱抚,泽费罗斯应该毫不费力地就把俄耳喀斯追到了手。可以想象,当他们在一起时,他准会经常将俄耳喀斯抱在空中,其乐融融。然而泽费罗斯有个哥哥;事实上他们是四兄弟,都是奥罗拉女神的孩子。长兄玻瑞阿斯,也就是北风之神,有一次在他们游戏时到来。可能因为发现俄耳喀斯很对自己的胃口,也可能因为只是想惹弟弟不快、粗暴、嫉妒的玻瑞阿斯意图抢走俄耳喀斯，于是弄起一阵狂风。霎时飞沙走石，天昏地暗……两位风神打得不可开交之时，俄耳喀斯从空中坠落下来，落在岩石上，身体四分五裂。俄耳喀斯死了。羞愧的玻瑞阿斯溜走了，只留下对着爱人的尸体痛哭不已的泽费罗斯。他哭得如此伤心，俄耳喀斯的尸体竟然消失不见了，在尸体原先所在的地方生出一朵鬼斧神工、精美无比的花，被称为兰花（orchidée）。

泽费罗斯娶了宁芙克洛里斯，从婚姻中获得了些许安慰。他把克洛里斯变成花神佛洛拉，赋予她色彩缤纷、芬芳扑鼻的花朵。玻瑞阿斯也收敛行迹，他掳走了雅典王的女儿，美丽的俄里梯亚，把她带到极北之地，当自己的妻子。抢亲发生的地点，我们知道，就离苏格拉底停下来和美男子斐德若谈论爱情的地方不远。

俄耳喀斯的故事还有另外两个版本。

一个版本里，俄耳喀斯是雌雄同体，但他并非生来如此。他本是一个男孩，随后眼睁睁看着自己长出两个乳房，看着自己的身体变得柔软，最终既不属于男性也不属于女性。他的性格同样具有双重性，他有时像少女一般羞怯，有时又像潘神一般好斗且好色。俄耳喀斯不知道自己究竟是谁，绝望的他最终跳崖自尽。他摔落的草地，被鲜血浸润，长出了一大片花。这些花各不相同，但是一朵比一朵美丽，一株比一株性感。人们以俄耳喀斯的名字把这些花命名为兰花。某些兰花看起来就像不堪入目的裸体，有些使人联想到女性生殖器官，另一些则使人联想到男性生殖器官。该版本的作者总结说，这就是为什么在古希腊，青春期

的男孩通体白衣向众神献唱时，要戴兰花花冠……①

在另一个版本中，俄耳喀斯是一个宁芙和一个萨梯里的儿子，他的性欲如同脱缰的野马般不受控制。在酒神节期间的某个晚上，他饮酒过度，与酒神的一名女祭司通奸，犯下了不可饶恕的错误。参加庆典的人群立即扑向他并将他撕成碎片。绝望的父母乞求众神将他们的儿子复活。众神拒绝了他们的请求，说活着的俄耳喀斯实在不成样。但是，为了减轻他们的痛苦，同时也使人类满意，众神应允把俄耳喀斯变成兰花。②

很难说这些版本的历史究竟有多悠久。但故事只要一讲出来就存在了。第一个版本里，俄耳喀斯不幸招来了神之青睐，以少男被爱者形象出现，常年龙套泽费罗斯一改他在其他故事——尤其在许阿铿托斯的传说里——又妒又坏的情敌形象，当上了主角。事实上，正如拉丁神话中与其对应的神法沃尼乌斯[Favonius，西风，良风]之名所示，泽费罗斯温柔的吹拂极有益于春花绽放。③ 在公元前5世纪的希腊绘瓶上，泽费罗斯总是热烈地追逐着英俊少年，但奥维德在《岁时记》里，我们说过，细致地描写了他在罗马神话里的变身。春日的一天，泽费罗斯邂逅了纯洁的克洛里斯，突然臣服于女性魅力，强奸了她，又立刻娶她

---

① 这是阿尔弗雷多·卡塔比亚尼（Alfredo Cattabiani）记载的一个希腊伊庇鲁斯地区的神话，见《花神佛洛拉，神话，花草的传说和象征》（*Florario, Miti, leggende e simboli de fiori e piante*，Milan, Mondadori, 1996, p. 576）。感谢加布里埃拉·皮龙蒂提供线索。
② 这个版本据称由斯金纳（C. M. Skinner）在1911年发表，见皮埃尔·库雷（Pierre Couret）《委内瑞拉兰花的瑰宝》（*Las Joyas de las Orquideas de Venezuela*，1977），这部著作的梗概登在 *Ciencias* 3 杂志上（*Ciencias* 3, janvier-mars, 26‐27, 1983, p. 6‐27），线上版本。
③ 泰奥弗拉斯托斯说西风是最温柔的风，参阅《植物之生成》，II, 3, 1。据第欧根尼·拉尔修 [Diogène Laerce，3世纪初希腊诗人、传记作家，生平不详]《名哲言行录》卷五，42，泰奥弗拉斯托斯可能写过一部《论风》。

为妻弥补自己的罪过。他将克洛里斯带到罗马,赋予她五颜六色的花朵,既包括用来编织花冠花环的那些,也包括能产生粮食、葡萄、橄榄,能吸引蜜蜂酿造蜂蜜的那些。克洛里斯,现在改称佛洛拉,对此十分自豪,夸耀是她为单调的大地带来了色彩,也是她"向无数民族播撒新的种子",她甚至将许阿锲托斯、那喀索斯、克罗科斯、阿多尼斯变形为哀伤之花,以及阿提斯变形为菫菜花的功劳也归于自己。① 从对少男的同性爱欲转化到婚姻间多产的两性结合,还有比这更优雅的讲述方式吗?种子繁殖最终也征服了球根和块根花卉……植物学上的确如此。

另外两个版本则强调了俄耳喀斯的双重性。在雌雄同体的版本里,他在撕扯中承受这一状态。比起既当男性也当女性,他在两种性别之间摇摆不定,觉得自己时而是男性时而是女性,无比混乱。另一个版本里,他是个满脑子只有性的"超男性",违反了所有禁忌,最终被撕成碎片,成了 *diasparagmos*,就像酒神狄奥尼索斯祭典中被撕碎的动物,就像欧里庇得斯悲剧《酒神的女信徒》中的彭透斯王。②

但是,俄耳喀斯的神话同样隐匿在植物学和药学著作中,隐匿在众多与兰花相关的意象里。应当到这些作品里去找寻这位主人公。先来看泰奥弗拉斯托斯怎么写,他的年代最早。《植物研究》第九卷有关药用植物的章节里,他先描述了兰的形态,然后讲到它的特性:"之所以名之以 *orchis*,是因为它就有着

---

① 奥维德,《岁时记》,卷五,183 行起。
② 酒神狄奥尼索斯有时被称为 *Enorchès*。这个修饰语可释为"有睾丸的",用来指没有被阉割的动物。我们或可将其翻译为"有种的"。但它也指"舞者",从动词 *orchein* "使跳舞"而来(法语 orchestre "管弦乐队"便来源于这个词)。狄奥尼索斯,罗马神话中的巴克斯,是一个跳舞并使人跳舞的神。不排除其中有文字游戏。

一对[1]，一个大些，一个小些。人们说将大的用山羊奶送服可激发性本能，小的则可减弱、抑制性本能。它的叶子很像绵枣儿的叶子，不过更小、更光滑；花葶像极了芦笋。此等特性本身并不令人惊讶，令人惊讶的是这两种药效都来自同一个器官。"[2] 泰奥弗拉斯托斯于是提到埃斯基涅斯［Eschine，约前389—约前314，古希腊政治家、演说家］在《驳克忒西丰》（162）中所举的历史人物"普拉泰阿的药剂师"，"他有针对这两种情况的灵药，能提升男人的性能力，也能让男人阳痿；药效可以是永久的也可以是暂时的。他还用这种药物来惩罚他的 paides［应该是指他的奴隶］。他还有些药草可以让人生男或生女"……稍远，泰奥弗拉斯托斯又讲了一个神奇的故事——希腊语 thaumasitaté："一个印度人有一种药，不是喝的，而是一种软膏，用来涂在阳具上。涂上后就能勃起［……］这个药剂师是个高大威猛的男人，他自称曾有一回不休不停地连战七十次［……］。这药也能使女人兴奋。如果这一切是真的，那么它确实具有异乎寻常的功效。"

泰奥弗拉斯托斯在这部分后来普林尼称"惊见于其笔下"的叙述中影射了标记理论。该理论认为植物的功效遵从相似性原则，与人体器官颜色相似、形状相似的植物可作用于该器官，植物的形状是它们作用方式的体现。兰——orchis——的两个球状根使人联想到睾丸——orcheis anthropôn。两者之间的相似使得这种植物成了春药。 ［标记理论（théorie des signatures 或 loi des signatures）意为：神因为降下各种疾病而内疚，故以颜色、形状标记了有药

---

[1] 原文字面意思是："它们是两个"，一双，是指"一对"的语法形式；注意略去未重复的词；orchis 在希腊语里指"睾丸"。
[2] 泰奥弗拉斯托斯，《植物研究》，卷九，18，3—4。

效的植物,供人类用于治疗。]

泰奥弗拉斯托斯的记载还需辅以迪奥斯科里德斯以及普林尼的记录,他们也描写了名目众多的可辨识为兰的植物:*serapias*,*cosmosandalon*——"宇宙凉鞋",*ophrys ferrum equinum*,*satyrion*——它的花要么像萨梯里(satyre)的脸,要么像它们的整个身体①。这些描述让人觉得兰花和风信子有混同的趋势——我们前文已看到,对风信子这一品种的描述既详细又混乱。

比如,保萨尼亚斯提及人们在祭祀得墨忒耳的仪式上所戴的花冠时,认为 *cosmosandalon* 是风信子。他写道,这种花上有表示哀悼的字母纹样。② 另一些人则称 *cosmosandalon* 是一种菖兰,拉丁学名 *gladiolus byzantinus*。

然而,兰花被看作可以提升性欲和生育能力,风信子则被认为功效相反。

普林尼对兰的热情描述将这些矛盾的意象组合在一起,称它们相辅相成:

> 很少有植物像 *orchis* 或 *serapias* 这样神奇,这种草本植物长着韭葱的叶子,花葶有一掌尺高,开紫红色花朵,根部的两块东西像睾丸。大的那个,或者照某些人的说法,硬的那个,用水送服,可以激发性欲;小的或者说软的那个用山羊奶送服可以抑制性欲 [……]。单独或与玉米粥相调后涂

---

① 在中世纪,名词 *satyrium* 指兰花。
② 保萨尼亚斯,《希腊志》,II, 35, 5。

抹,它可以治愈生殖器肿瘤或疾病。前一种花根用圈养母羊羊奶送服可以使男性生殖器官勃起,用水送服则可终止勃起[……]。它那由两部分组成的根,位置较低并且更大的那个部分可以使女性怀上男孩,在上、更小的那部分可以使女性怀上女孩[……]。另一品种的 satyrion 通常长在山里,人们相信只要用手握住它的根就可体验到它的催情作用,放入劣质葡萄酒送服功效更强;人们会给配种时迟迟无法进入状态的公羊喝下这种药[……]。还有人说,当马匹劳累过度无心交配时,萨尔马提亚人会喂它们吃这个[……]。①

普林尼接着又说:"此外,希腊人用 satyrion 一词称呼所有具有催情功效的物质[……],这些植物的种子像睾丸[……]。泰奥弗拉斯托斯本是位非常严肃的作者,在这方面却也写了些令人难以置信的东西,尤其他写有种草本植物,他没提叫什么、是何种类,但是他说男人只要碰一下这种植物就可性交七十次之多。"②

苏珊娜·阿米格注意到,泰奥弗拉斯托斯用 orchis 这个词指所有有两个球状根(我们已经指出,这些球状物实际是储存营养的器官,它们会轮流耗尽并重新积聚养分)的兰花。

对兰花球根催情功效的信仰根深蒂固,去今不远,在土耳其依然有人用它们制作一种极受欢迎的"壮阳"饮品沙列布。不过

---

① 普林尼,《博物志》,卷二十六,62。
② 苏珊娜·阿米格指责普林尼断章取义,说他"总是善于装出一副美德和真相捍卫者的样子",无视泰奥弗拉斯托斯在这件事上的怀疑——"如果这一切是真的"。参阅她对泰奥弗拉斯托斯《植物研究》的评注:卷九,18,注释27,第227页。

兰花种群现在已经采挖殆尽,或至少被保护了起来,据说如今的沙列布改用其他原料制作了。需要指出的是,对兰花球根的成分分析只找到了淀粉和粘液。说白了那只是一种不错的安慰剂而已。就像在其他事情上,在这方面,一切也都发生在头脑里。然而标记理论和另一些理论一样,危害不轻:它会导致物种灭绝,例如独角犀牛。它的角号称看上去像阳具,于是招来了男性的觊觎。可犀牛角不过就是一大块角蛋白罢了。想获取角蛋白的话还不如咬自己的指甲,同样有效,还更省钱。

迪奥斯科里德斯的作品由 16 世纪学者、医生、著名植物学家皮埃尔·安德里亚·马蒂奥利〔Pier Andrea Matthioli, 1501—1577, 意大利人文主义学者〕以拉丁语和意大利语先后出版并注释,并很快由让·德·穆兰(Jean des Moulins)翻译成法语。这位医生与拉伯雷同时代,他毫不避讳地以"睾丸"一词命名兰花。[1]

兰花与性的纠缠还没完。在斯万养成和奥黛特"做卡特来兰"〔普鲁斯特小说《追寻逝去的时光》中的这两个人物以此暗指做爱〕的习惯之前,[2] 查尔斯·达尔文对离家不远一个斜坡上生长的大丛兰花的繁殖策略表现出兴趣。他观察到兰花那扭曲的形状迫使昆虫在采蜜时所采取的操作及路线,得出结论,认为异花授粉对于生物演化具有重要意义。杂交问题一直萦绕在达尔文的心头,因

---

[1] 皮埃尔·安德里亚·马蒂奥利对迪奥斯科里德斯《药物论》所作的评注,由医学博士让·德·穆兰翻译成法语,并于 1572 年在里昂出版。在该书的拉丁语版中兰被命名为 *testiculus*(见图版 13)。参阅居伊·迪库蒂亚尔《古代的魔法植物和星象植物》,同前引。作为补充,还有同一作者所编"古代的魔法植物和星象植物图集"(*Atlas de la flore magique et astrologique de l'Antiquité*),线上版本;关于"睾丸花"的布列塔尼品种,参阅让-伊夫·科迪埃(Jean-Yves Cordier)资料翔实的研究:http://www.laviebaile.com/article-l-orchis-bouffon-orchis-morio-a-crozon-117325207.html。
[2] 在雅克-埃米尔·布朗什为其绘制的著名肖像上,普鲁斯特外套翻领的饰孔里别着一朵白色的兰花。

为他娶了自己的表姐，结果由于遗传关系，他们有几个孩子早早就夭折了。羞耻的兰花，它既能激发性欲，又是推广杂交的模范。

古代植物学著作中往往上色的版画插图引人浮想联翩。米夏埃尔·伯恩哈德·瓦伦蒂尼医生［Michael Bernhard Valentini, 1657—1729，德国医生，收藏家］收集了许多插图，其中一幅里可以看到某个品种的 *satyrion* 被称作 *femina*［拉丁语：雌性的］[①]：它根部的两块东西有点长，不完全是球状。还可看到它的花葶和风信子、蓝壶花甚至绵枣儿没有明显的差别。诚然，后面几种植物都只有一个球根。可种过郁金香（引入欧洲是较为晚近的事）或其他球根植物的人都知道，"连体"双球茎并非罕见。总的来说，*orchis* 的形态和名称将其他"男花"隐约暗示的内容毫不掩饰地表达了出来。回看那些更早的图像资料，如雅典瓶绘，我们还可以思考究竟是什么思维引导画工在花饰创作中，不光画了明显带有雄性意味的花朵，而且还以重复的弧线和涡卷画出充满暗示的纹样。[②]

奇怪的是，泰奥弗拉斯托斯并没有描写 *orchis* 的花，他只提到了它的球根、叶子和花葶。普林尼倒说它开紫红色花朵。泰奥弗拉斯托斯是有所保留还是故意遗漏？他的沉默值得我们思考。野生兰花分布很广。法国的野生兰与那些从国外引进的极其妖艳的品种相比要低调朴素得多。只有俯下身子才能看清它们的形态。它们每一种都吸引了植物学家的目光，以至于形成了专门的

[①] 《新辑本草全书》（*Krauter Buch*: *Viridarium Reformatum*, *seu Regnum Vegetabile*），米夏埃尔·伯恩哈德·瓦伦蒂尼编（Francfort, Anton Heinscheidt, 1719），Tab. CCCXXVI（图版 14）。

[②] 如图版 3；参阅妮科利娜·凯《花的美：公元前 6—前 5 世纪阿提卡陶器中的 *kosmos*、*poikilia* 和 *charis*》，前引。

兰学。在整个欧洲与地中海地区，至今仍能看到迷人的兰花，奇特而迷人。[1] 古时候这些花朵没有被编入花冠和花环吗？这是某种禁忌？兰花的情况似乎并非特例。普林尼提到了穗菝葜这种争议植物，他认为不祥的穗菝葜（因为枝条有刺）不是花冠植物，但泰奥弗拉斯托斯却称穗菝葜芳香的花朵可以编入花冠。有些植物被剔除在外？是因为实用中的不适还是因为习俗？尤其，手艺人是如何称呼这些需要轻轻拿捏、编织的花朵的呢？他们是否觉得有必要用语言来区分不同种类不同品种的花？所有这些问题都还没找到答案。我们只能提出一些假设。

为了能够出现在节日庆典中，花名 *orchis* 影射睾丸的兰花是否借用了其他假名？我们完全能理解诗人在描写花冠及花海时避免"睾丸"这种用词。那么植物学家呢？泰奥弗拉斯托斯只提过一次兰花，是将其与绵枣儿对比："它的叶子很像绵枣儿的叶子，不过更小、更光滑"。[2] 绵枣儿经常出现在植物学著作中，但是在诗歌中却不见它的身影。相反，诗人口中"紫红的风信子"，植物学家笔下几乎无所不在的风信子，万用的风信子，或许是在日常用语中影射甚至指称普林尼笔下兰花紫红色花朵的优选用语。保萨尼亚斯不就把迪奥斯科里德斯和普林尼归为兰花的 *cosmosandalon* 视为风信子吗？我们也已看到，有些植物，如阿福花和鸢尾花，说到它们的不同部位，地面上的部分，与多少埋在泥土中具有食用与药用价值的根部，古人会采用不同名称。再

---

[1] 尤其是蜂兰的众多品种：参阅赫尔穆特·鲍曼的《雅典娜的花束。神话故事和希腊艺术里的植物》；以及尼基·古兰德里斯（Niki Goulandris）《希腊的野花》（*Wild Flowers of Greece*, Kifissa, Grèce, 2009）。感谢伊雷娜·帕派科诺莫（Irène Papaikonomou）以此书相赠。

[2] 泰奥弗拉斯托斯，《植物研究》，卷九，13，3。

来看一下鸢尾花吧，我们曾提出，它可能也是"铭文"花卉的一员。普林尼用 *xiris* 来称呼野生鸢尾，并讲述了高度仪式化的采摘工作。泰奥弗拉斯托斯提到了一套更为复杂的采摘仪式[①]，指出其中的表演性质，但在他笔下，*xiris* 似乎自成一类：这一名称影射 *xuron*——剃刀，因为它的叶子，要不就是花瓣，又尖又细。有人认为泰奥弗拉斯托斯描写的是 *gladiolus*，双刃剑——这名称也指菖兰，要不就是臭鸢尾［红籽鸢尾］（可以想见，没人会用来编花冠）。可是，迪奥斯科里德斯在描述这种花心深红、花瓣淡紫的花卉时，却认为 *xiris* 与 *ophrys* 和 *serapias* 也就是兰花是同义词。兜兜转转，这些植物似乎拥有相同的药用-巫术功效，或者会交换这方面的属性；而在其他花卉——包括风信子——背后，也老是能看到兰花——*orchis*。对于 *orchis* 是否有一种语言禁忌，但比起追求体面，更多是出于谨慎？粗俗的人知道，这些植物既有积极的功效也有消极的功效。对它们的使用与表述已经约定俗成，需要谨慎对待。至于学者，他们毕竟也是人。甚至可以说首先也是人。

有很多理由可以导致 *orchis* 忽而指花忽而指球根，或更确切地说专指其功效众多的球根，这是文化性分离甚至文化性精神分裂的结果。在先前提及的传说故事里，俄耳喀斯（Orchis）或是在两个性别之间摇摆不定，或是因为淫欲无度而被激怒的酒神信徒撕成碎片。这两个版本倒也符合上述文化现象，甚至带有一定的真实性。

[①] 同前，卷九，8，7，以及苏珊娜·阿米格对该段的注释（泰奥弗拉斯托斯，《植物研究》，卷九，13，3）；以及居伊·迪库蒂亚尔的《古代的魔法植物和星象植物》，同前引。

以上分析或许解答不了所有问题，但至少能让我们明白为什么女孩不能变成烂漫的春花。因为女孩没有"球根"。

　　再来比较一下"男花"绚丽多彩的花冠和由女孩变形而成的平凡无奇的天芥菜吧，我们会认可前文的分析。克吕提厄爱慕日神却被抛弃，在来自美洲的向日葵改善她的形象之前，她在古代植物学家眼中不过是一种阴沉、暗淡的植物，它的茎横向生长，"拖在地上"[1]。它只有须根而无球根。

---

[1] 泰奥弗拉斯托斯，《植物研究》，卷七，8，1；而且这种植物可能有毒。苏珊娜·阿米格认为他提到的是一种鹅绒藤 *cynanchum acutum*（参见其《古代植物学研究》，前引，第379页）。目前人工种植的天芥菜颜色会更鲜艳。

结语
神话结晶

假若有心，我们也会看到，神话的构成方式与诗人的叙述正好相反。并非女孩变形为树，或男孩变形为花。这个过程实际上接近司汤达对爱情养成的描述：

> 在萨尔斯堡的盐矿，人们把冬天冻掉叶子的一段树枝扔进废井，两三个月后再拽上来，它就会被莹耀的结晶所覆盖。最小的那些枝丫还没山雀的爪子大，仿佛缀满了辉光闪烁、璀璨夺目的钻石。再也认不出原来的树干。我所说的结晶是心灵的一种操作，它从一切表现中，去发现爱的对象新的闪光点。[1]

---

[1] 司汤达，《爱情论》。

神话故事就是这样形成的。人类的心灵，尤其是诗人的心灵，完成了神话的结晶。基于植物王国的某些现实——树枝是当然的，还有叶子、挺拔的树干、花冠、柔软的茎，以及令人浮想联翩的球根，神话（*muthos*），即语言与叙事，搬用这些适合发挥想象的物件，加以妆点、打扮，赋予它们人性，把它们讲述、变形为女树与男花。

附录 1
生命终期的变形：菲勒蒙和包客斯

菲勒蒙和包客斯的故事只见于奥维德的著作。这是一对农民夫妇，两口子非常和睦，但是很贫穷。他们的村了里来了两位旅人，只有菲勒蒙和包客斯接待了他们，尽了地主之谊：这对夫妇将自己拥有的一切都拿来招待客人。① 这两个旅人其实是朱庇特和墨丘利，他们决定报答这对老夫妻，并惩罚其余那些驱赶他们的自私村民。他们把整个村庄都沉入沼泽，除了菲勒蒙和包客斯的茅屋——被他们变成了一座神庙。菲勒蒙和包客斯于是成了神庙的看守，两人乞求神让他们在同一时间一同死去。奥维德说，老夫妻故世时变成了依偎在一起的两棵树：一棵橡树，一棵椴

---

① 奥维德，《变形记》，卷八，611 行起。

树。它们成了神树，信徒们会把敬献的花环挂在树上。

菲勒蒙和包客斯最后的变形只是为一系列的神迹和神奇事件画上了句号。在招待两位旅人的时候，他们发现酒爵空了马上会重新满上，就怀疑来者是神。他们本想宰一只鹅来款待客人，但是这只鹅却意识到来客是神，逃到了他们身边。朱庇特和墨丘利揭晓了自己的身份："我们是神"，并且表明了他们的意图：惩罚慢神者，报答敬神者。地貌变形：村子沉没了，坚实的大地变成了一片沼泽。菲勒蒙和包客斯的小屋发生了变形：茅屋变成了金顶的庙宇。夫妇俩的身份也出现"变形"：高尚、正直的贫贱夫妻变成了神庙的看守——祭司。最后变形为树则超出了他们的期待——他们只求同时死去罢了。

这个故事集合了教化故事的多个主题。虔诚会收到回报。接待外客是一项宗教义务——深夜登门的异乡人也有可能是匿名游历的神祇，这再直白不过了。简朴的生活——奥维德对此做了很多描写——值得颂扬，幸福就在乡下的穷日子里，就在忠贞不贰的夫妻情里。这是为应付奥古斯都而写的理想景象吗？奥维德的叙述里一点幽默也没有？

菲勒蒙和包客斯是在行将就木时变形为树的，一个性别差异被视作已不存在的年纪，这或许导致他们都被归入女性范畴。就像阿提斯和宦官。但在古典时代还有相反的情况：女人到了绝经的年纪没了生育能力——这是定义她们性别的关键——从此可以从事一些男性专属的职业，尤其是圣职。她们被归入男性范畴。这或是一种混淆，或是一种抵换。

奥维德在叙述菲勒蒙和包客斯的故事时，只在开头借讲述者之口提了一下树的名称："弗里吉亚的山丘上，被一堵矮墙围绕，一棵橡树和一棵椴树紧紧相依"［*tiliae contermina quercus collibus est Phrygiis modico circumdata muro*］。随后两棵树的名称再没出现。夫妻俩都看到对方被树叶覆盖，在树枝堵住嘴巴之前他们还有时间向对方告别。讲述者最后说，直到今天，人们仍会把"由他们相依的身体变成的两株紧邻的树干"指给游客看。中性单数短语 *de gemino corpore*——因为 *corpus* 是一个中性单词——抹去了两人的性别分野。故事开头，两棵树用的都是阴性，这是拉丁语语法规定的：*tiliae contermina quercus*，直译成法语为 *une* chêne *voisine d'une* tilleul［直译为"和一棵椴树紧邻的一棵橡树"。两处的冠词和修饰 chêne-橡树的形容词作者特意用了阴性形式］。但我们知道，橡树，即使在语法层面上是阴性，那也是这两棵树里最具男子气概的树。以菲勒蒙为主语的整句的结构证明了这一点：*quercus est*，直译成法语为 un chêne est［直译为"一棵橡树在"，chêne-橡树前面的冠词是阳性的］。即使菲勒蒙和包客斯共同承担家务，即使他们当中任何一个都可以称作 *conjunx*——意思是"共套一轭"，引申为"配偶"，诗人依然隐蔽地遵守了性别等级。

这是一个美丽的故事。早年间《变形记》的一些版本为它配上了精美的插图。它还为众多艺术家、画家、音乐家和诗人提供了灵感。

他们当中最出名的是拉封丹，他"翻译"了奥维德的这个故事，并强化了拉丁诗人的教化语气。在这个寓言里，他采用了一种循规蹈矩、标准学院式的文风，不动声色地糅入几许讽刺——感觉在和一千多年前的奥维德眉来眼去一搭一唱。

领了神的旨意，波涛滚滚，

> 一股脑儿,卷走牲口、村民、
> 树木、房屋、果园,整个寨子。
> 一切瞬间消失,无影无迹。
> 老人哀叹这残酷的命运。
> 牲口都丧了命!还有村民,
> 该是全倒在了上苍利剑之下。
> 包客斯见此不由珠泪暗洒。①

把自己的诗作题献给高官显贵是当时惯例,这个道德寓言就献给了旺多姆公爵[Duc de Vendôme, 1654—1712,法国将领,拉封丹的保护人],他是亨利四世的曾孙,以粗野、放荡、不洁、懒惰著称。圣西门[Saint-Simon, 1675—1755,法国贵族,文学家。其《回忆录》记录了路易十四朝末期及摄政时期的宫廷生活,具有极高历史与文学价值。18世纪末的空想社会主义者圣西门是其远亲]辛辣地描绘了这位"沉溺在所多玛的罪恶中无法自拔的人"——旺多姆公爵最终因为梅毒而破相。至少对于其同时代人而言,拉封丹的题献为这一寓言赋予了别样的色调。

超现实主义画家让-克洛德·富尔诺[Jean-Claude Fourneau, 1904—1981]残忍地对这个美好的故事进行了祛魅,他画了两段交叠的木柴,嶙峋斑驳,摆在桌上:两块死木,枯旧,残破(图版15)。

---

① 让·德·拉封丹,《寓言》,卷十二,25。

附录 2
几个巧妙的繁殖方法

"我并不是只想着这个,"哲学家反驳说,
"但是当我思考时,我想的就是这个。"

琉善在他的作品《真实的故事》开篇就保证,在这书里他只讲谎言。有三次,想象力把他带入与我们的探讨主题相近的领域。

不妨将这三个段落完整列举如下:

在一个可涉渡的地方趟过河后,我们看到了一种神奇的葡萄树:挨着地面的那部分主干粗壮挺拔,到了上头却长出女人的上半身，美得不可方物，就像传说中的达佛涅，她在即将被阿波罗抓住的瞬间变成了月桂树。从她们的指端生出葡萄枝，垂着一串串葡萄；她们的头上不是直发，而是发卷，形成葡萄藤和葡萄。我们走近一些，她们向我们打招呼，朝我们伸出手，跟我们说话，一些人说吕底亚语，一些人说印度话，而且几乎都会说希腊语。她们还亲吻我们的嘴巴，但是被吻到的人立刻变得醉醺醺，失去了理智。然而，她们不允许我们摘葡萄，如果有人去摘，她们就会痛苦地喊叫。有几个女人邀请我们与她们交欢，我的两个同伴接受了这种邀请，结果就无法摆脱她们了。他们的生殖器官被锁住，与她们嫁接在一起，长出共同的根须；瞬间，他们的手指变成了枝桠和卷须，看上去也能结葡萄了。①

传统的变形故事中并没有葡萄树的身影。与此处提到的达佛涅的月桂树变形不同，葡萄树并非诞生自少女变形。葡萄树的出现，或者说它的诞生，属于另外一套神话体系，与酒神狄奥尼索斯的世界相关（葡萄树奇迹般地从天而降，另一版本说它是由一只母狗生出来的）。《真实的故事》里的叙述者，也就是琉善自己，碰到的那种葡萄树很明显是雌性的。这是一个特殊的品种，一种畸形物，希腊语 teration。这种混合体，下部是植物，是茁壮的葡萄藤，粗硕且挺拔；往上则是人形，至少上半身是人形，美艳不可方物。到了肢体顶端又是植物：她们的

---

① 琉善，《真实的故事》，8。

手指延伸为结着葡萄串的枝桠，她们的头上盘绕着卷须、叶片和葡萄。这样的画面使人联想到诗歌里的比喻，甚至一些具象作品（在庞贝壁画中浑身都是葡萄串的酒神巴克斯[①]）。但这些怪物仍然是人类：她们会说话，甚至会好几种语言，尤其是希腊语，她们做手势、打招呼，嘴对嘴亲吻——醉人的亲吻。就像变形成朴树的不幸的洛提斯那样，如果有人去摘她们的果实，她们就会叫疼。琉善很了解奥维德的作品。就像在有关洛提斯的故事中一样，此处，接触也导致了变形传染，但是是更紧密的接触：这些蛊惑人心的女子诱惑叙述者的同伴和她们发生性关系。琉善按照苗木嫁接的模式思考并描述这种合体。因为嫁接的技术操作通常也被视作交配。普林尼就用了"交媾"这个词。[②]

雅基·彼儒围绕嫁接的审美以及"这一操作给想象带来的问题"展开的思考，为解读琉善的这段文字——彼儒将其奉为"幻想逻辑"的典范——提供了一个可贵的角度。[③]古代理论家，尤其是对嫁接极为热衷的拉丁人认为，嫁接既可以在同类之间进行，也可以在异类之间进行。最极端的立场来自"异想家"科鲁迈拉[Columella，4—约70，罗马农学家，著有十二卷《论农业》]，他声称将橄榄树和无花果嫁接在了一起。普林尼则宣称看到过"一棵用各种方式嫁接而成的树，结着各种果实[……]核桃、葡萄、

[①] 原在庞贝"百周年屋"，现藏那不勒斯考古博物馆。还有朱塞佩·阿尔钦博托[Giuseppe Arcimboldo，1527—1593，意大利画家，以用动植物拼绘的人物肖像著名]的《春夏秋冬》，尤其是《秋》。
[②] 普林尼，《博物志》，卷二十七，103和137。
[③] 雅基·彼儒，《艺术和生命》，前引，第175—198页。

梨、无花果、石榴,以及不同品种的苹果,但它的寿命很短"。①琉善的同伴所进行的嫁接——或许是被迫的——则是另一回事。②被葡萄树女人吸住,他们不得不将自己的生殖器像接穗那样插入葡萄藤,于是立刻植物化:他们的身体开始生根,就像达佛涅和她的姐妹们那样;他们的手指长出了枝桠和卷须,还将很快结出果实。这一操作把男性带进了三重相异性:他成了植物、畸形的混合体,以及女性。我们知道,在亚里士多德看来,女性是畸形的第一层级,是相较于作为标准的男性的第一个偏差。琉善的同伴在这一混合过程中即使只有局部"树木化",也同时被女性化了,从而具有了生育能力。

到达月亮后,旅行者们发现那里的繁殖模式完全摆脱了两性交配的桎梏:

> 不过我得跟大家讲讲我在月亮上住的时候看到的一些新鲜、奇异的事情。首先,繁衍后代的任务与女子完全无关,而是由男人来完成:婚姻双方当然都是男人,"女人"这个词,他们那儿闻所未闻。青年人一直到二十五岁都是嫁给别人,二十五岁以上就轮到自己娶别人。孕育孩子的地方也不是肚子,而是小腿肚。怀胎后,小腿会变粗,然后,等到足月,他们将小腿剖开,从中取出死胎,张开他的嘴迎风吹一

---

① 普林尼,《博物志》,卷二十七,120。
② 类似的还有奥德修斯的船员,他们被喀耳刻变成了猪。琉善对旅行小说,尤其是第一部旅行小说——《奥德赛》进行了戏仿,在这段情节里把罗多法日人、喀耳刻,还有塞壬混在了一起。参阅雅克·邦佩尔(Jacques Bompaire)的《作家琉善:想象和创造》(*Lucien écrivain. Imagination et création*, Paris, De Boccard, 1958, p. 658s)。

会儿，他就能活过来。大概"腿肚子"这个词就是从那里传到希腊的，因为怀胎的并不是肚子，而是小腿肚子。[1]

月亮世界和地上世界不同，月亮上没有女性。这一想象古来就有。赫西俄德就认为，在潘多拉这个祸水被造出来送给男人、削弱他们之前，人类社会便是如此。但不管怎样，总得繁衍后代。第一种解决办法：把希腊式成年男性对少男的同性恋——理论上是过渡性的——推行至整个人生，赋予其婚姻的制度框架。这一男性婚姻内部也有性别角色之分：丈夫，和他的"男"妻子。希腊语使用主动语态和被动语态来指代婚姻双方的身份：男性娶，女性被娶。月亮人也使用这种区分方法，只是从一种历时性的角度。男性在少年时期被娶，是被动的，成年后他会变成主动的——娶别人，他依次承担这两种角色。琉善的描述明显带有讽刺古希腊男同性恋的意味。少男在成年过程中，从"被爱者"摇身变为"爱者"，而不去同异性成婚繁衍后代，只会不断结成新的"夫妇"，构成一种"同性内婚"。

至于"腿肚子（gastrocnémie）"，这是一个利用词源开的玩笑。这个词指小腿，字面意思就是"小腿肚"，因为它由 cnemos 和 gaster 复合而成，cnemos 指"腿"（古希腊战士用 cnémide——胫甲），gaster 在这里指下肢背侧的隆起，但它也可指消化器官，以及生殖器官——子宫。月亮人之所以能用小腿肚生孩子，那是因为对词源理解透彻。然而，小腿肚里的妊娠同时也是神话的一种略显不正经的变体，因为还是胎儿的狄奥尼索斯最终就是在朱

---

[1] 琉善，《真实的故事》，22。

庇特的大腿里长到足月的。将小腿肚切开的"剖腹产"还让人联想到宙斯的另一场分娩：雅典娜的诞生。那多亏了赫费斯托斯帮忙，他用斧子劈开父神的脑袋，雅典娜这才出世。以上便是琉善对词汇和神话元素的运用。

下一种生殖方式把我们带回植物领域：

> 接下来还有更厉害的。在这个国度，有一种男性叫"树男"，他们的诞生方式如下：将一名男子的右侧睾丸割掉，埋在土里，过段时间会长出一棵高大肥壮的树，像一个阳具。这棵树有树枝和树叶。它的果实形如橡子，大概有一肘那么长。果实成熟后会被摘下，剥去外壳就能收获"树男"。这类男性的私处是人造的：有几个是用象牙制作，穷人的则是木制，他们用这种人造器官完成各项婚配的使命。①

这种生殖方式也仅限于男性，真正的、所有该有的器官应有尽有的男性。当时的哲学和医学著作告诉我们，右侧的睾丸专司生男。被切下并埋在土里（阿多尼斯故事的痕迹？），暴露了它的球根属性——根据古代植物学信仰，球根具有繁殖能力。阳具的出现并不意外，这个器官和睾丸之间的联系不言而喻。这是个跨文化常识。此外还有一种图像学传统——希腊文化中尤甚，描绘了冒出地面的阳具，有时由园丁像对待植物——比如说芦笋——那样殷勤地养护、灌溉。② 阳具变成树是自然而然的事情，因为

---

① 同前，29。
② 阿提卡鼓腹瓶，伦敦 E819。

月亮上没有女性。而且橡子使人联想到橡树，一种主要被视作雄性的树木，前文提到过这一点。接下来是剥壳，极富暗示……还使人联想到后世极为流行的荷蒙库鲁斯小人［homunculus，中世纪炼金术士宣称能够造出的有魔法的小人，又译"烧瓶小人"］——古希腊和之后的一些观念里已经隐约包含了这一想象。这些观念认为男性在生殖中扮演着决定性的角色，女性的子宫只是一个物理容器，男性将种子放入其中。在亚里士多德看来，是男性决定着"形式"。而在一个只有男性的世界里，橡子壳是非常经济的替代品。琉善娴熟地玩弄着前人作品中包含的一些厌女幻想，它们想象不需要女性就能生孩子。欧里庇得斯笔下的希波吕托斯为了繁衍人类，希望能够用金子或一定分量的青铜在神庙里买到"能种出孩子的种子"……[1]他不是园丁才会这么想。

之后的部分逻辑性没这么强，但那是这类作品的通病。人造性器官所用的原材料的珍稀程度取决于主人社会地位的高低，这与树男的特性相矛盾。因为树男应该只是月亮人当中的一类。大部分月亮人的身体都是混合体，其中就包含很多假体，树男是性器官，另一些人则是可拆卸的眼睛，这导致了油水丰厚的器官贸易。

独特的植物月亮人基本符合构造古代植物学的想象框架。琉善在《真实的故事》开篇所提到的谎言显然比自然更真实。

---

[1] 欧里庇得斯，《希波吕托斯》，618 行起。

参考书目

AMIGUES, Suzanne, *Études de botanique antique*, Paris, De Boccard, 2002.

-, édition, traduction et commentaires de Théophraste, *Recherches sur les plantes*, Paris, Les Belles Lettres, 1988 - 2006.

-, édition, traduction et commentaires de Théophraste, *Les Causes des phénomènes végétaux*, Paris, Les Belles Lettres, 2012.

ANDRÉ, Jacques, *Les Noms des plantes dans la Rome antique*, Paris, Les Belles Lettres, 1985.

-, édition, traduction et commentaires des livres de l'*Histoire naturelle* de Pline consacrés aux végétaux, Paris, Les Belles Lettres, 1956 - 1985.

AUBRIOT, Danièle, « L'homme végétal: métamorphose, symbole,

métaphore », *Kêpoi*, *Mélanges offerts à André Motte*, *KERNOS*, supplément 11, Liége, 2001, p. 51 - 62.

BARRA, Edoarda, *En soufflant la grâce*, Grenoble, Jérôme Millon, 2007.

BAUMANN, Hellmut, *Le Bouquet d'Athéna. Les plantes dans la mythologie et l'art grec*, Paris, Flammarion, 1984.

BETTINI, Maurizio, *Il Ritratto dell'amante*, Turin, Einaudi, 1992 ; traduction française: *Le Portrait de l'amant(e)*, Paris, Belin, 2011.

BOMPAIRE, Jacques, *Lucien écrivain. Imagination et création*, Paris, De Boccard, 1958.

BRETIN-CHABROL, Marine, «Le sexe des plantes. Antologie et catégories du genre chez les agronomes romains», in Paul Carmignani, Mireille Courrent, Joël Thomas et Thierry Eloi (dir.), *Le corps dans les cultures méditerranéennes*, Presses universitaires de Perpignan, 2007, p. 15 - 28.

-, «Des arbres au féminin: la nymphe, les fruits et le grammairien», *METIS* NS10, 2012, p. 307 - 327.

-, *L'Arbre et la lignée. Métaphores végétales de la filiation et de l'alliance en latin classique*, Grenoble, Jérôme Millon, 2012.

BRULÉ, Pierre, *La Fille d'Athènes*, Paris, Les Belles Lettres, 1987.

-, *Les Sens du poil (grec)*, Paris, Les Belles Lettres, 2015.

CALAME, Claude, *L'Éros dans la Grèce antique*, Paris, Belin, 1996.

-, *Qu'est-ce que la mythologie grecque?* , Paris, Gallimard, 2015.

CARASTRO, Marcello, *La Cité des mages*, Grenoble, Jérôme Millon, 2006.

CATTABIANI, Alfredo, *Florario*, *Miti, leggende e simboli de fiori e piante*, Milan, Mondadori, 1996.

DEMOULE, Jean-Paul, *Où sont passés les Indo-Européens?* , Paris, Seuil, «La Librairie du XXIe siècle», 2014.

DETIENNE, Marcel, *Les Jardins d'Adonis*, Paris, Gallimard, 1972.

DUCOURTHIAL, Guy, *Flore magique et astrologique de l'Antiquité*, Paris, Belin, 2003.

-, *Atlas de la flore magique et astrologique de l'Antiquité*, (= Mattheoli) en ligne.

DURAND, Jean-Louis, *Sacrifice et labour en Grèce ancienne*, Paris/Rome, La Découverte/École françaises de Rome, 1986.

FOXHALL, Lin, «Natural sex: the attribution of sex and gender to plant in ancient Greece», in Lin Foxhall et John Salmon (dir.), *Thinking Men. Masculinity and its Self-Representation in the Classical Tradition*, Londres et New York, Routledge, 1998, p. 57 - 70.

FRONTISI-DUCROUX, Françoise, « L'œil et le miroir », in Françoise Frontisi-Ducroux et Jean-Pierre Vernant, *Dans l'œil du miroir*, Paris, Odile Jacob, 1997.

-, *L'Homme-cerf et la femme araignée*, Paris, Gallimard, 2003.

-, «L'invention de la métamorphose», *Rue Descartes*, 64, 2009,

La Métamorphose, 8-22.

-, «Daphné et Narcisse. Métamorphoses végétales dans les mythes grecs», *Approches*, n°154, juin 2013, p. 47-58.

GOODY, Jack, *La Culture des fleurs*, Seuil, «La librairie du XXIe siècle», 1994 (Cambrigde, 1993).

GOULANDRIS, Niki A., *Wild Flowers of Greece*, Kifissa, Grèce, 2009.

GUILLAUME-COIRIER, Germaine, «Arbres et herbe. Croyances et usages rattachés aux origines de Rome», *MEFRA*, 104, 1992, p. 339-371.

-, «Images du *coronarius* dans la littérature et l'art de Rome», *MEFRA*, 107, 2, 1995, p. 1093-1151.

-, «Techniques coronaires romaines: plantes "liées" et plantes "enfilées"», *Revue archéologique*, 2002/1 33, p. 61-71.

KEI, Nikolina, *L'Esthétique des fleurs: kosmos, poikilia et charis dans la céramique attique du VIe et Ve siècle avant J.-C.*, thèse du doctorat EHESS, 2010.

KNOEPFLER, Denis, *La Patrie de Narcisse*, Paris, Odile Jacob, 2010.

LARSON, Jennifer, *Greek Nymphs. Myth, Cult, Lore*, Oxford, 2001.

LAURENS, Annie France, *Hébé. Image, mythes et cultes*, thèse université de Paris X-Nanterre, 1985.

-, «Hebe» 1, *LIMC*, 1988.

LORAUX, Nicole, «Qu'est-ce qu'une déesse?», in Georges Duby

et Michelle Perrot (dir.), *Histoire des femmes*, I. *L'Antiquité*, Paris, Plon, 1990, p. 34 - 62.

LASSARRAGUE, François, *Un flot d'images*, Paris, Adam Biro, 1987.

MESLIN, Michel, « Agdistis ou l'éducation sentimentale », *Bulletin de l'Association Guillaume Budé : lettres d'humanité*, 38, 1979, p. 378 - 388.

MOREAU, Alain, «Le discobole meurtrier», *Pallas*, 34, 1998, p. 1 - 18.

MOTTE, André, *Prairies et jardins de la Grèce antique : de la religion à la philosophie*, Bruxelle, Palais des Académies, 1973.

PIGEAUD, Jackie, *L'Art et le Vivant*, Paris, Gallimard, 1995.

PIRENNE-DELFORGE, Vinciane, *Kêpoi. De la religion à la philosophie, Mélanges offerts à André Motte*, Liège, Presses universitaires de Liège, 2001.

PIRONTI, Gabriella, *Entre ciel et guerre. Figures d'Aphrodite en Grèce ancienne*, Liège, Presses universitaires de Liège, 2007.

PLINE L'ANCIEN, *Histoire naturelle*, livres XIII, XV, XVI, XIX, XXI, XXVII, XXXV, Paris, Les Belles Lettres, 1956 - 1985.

SCHEID, John et SVENBRO, Jesper, *La Tortue et la lyre. Dans l'atelier du mythe antique*, Paris, CNRS Éditions, 2014.

SERGENT, Bernard, *L'Homosexualité dans la mythologie grecque*, Paris, Payot, 1984.

-, *L'Homosexualité initiatique dans l'Europe ancienne*, Paris, Payot, 1986.

-, *L'Homosexualité et initiation chez les peoples indo-européens*, Paris, Payot et Rivages, 1996.

THÉOPHRASTE, *Recherches sur les plantes*, édition scientifique et trad. Suzanne Amigues, Paris, Les Belles Lettres, 1988 - 2006.

-, *Les Causes des phénomènes végétaux*, édition scientifique et trad. Suzanne Amigues, Paris, Les Belles Lettres, 2012.

VERPOORTEN, Jean-Marie, « Les noms grecs et latins de l'asphodèle», *Antiquité classique*, 31, 1962, p. 111 - 129.

致谢

把泰奥弗拉斯托斯和普林尼同奥维德嫁接在一起的想法，源自我和洛朗·法布尔（Laurent Fabre）关于植物学和诗歌的交流，那是在他建造巴拉鲁克地中海植物园的阶段。这座神话植物园很快拔地而起，看似杂芜，实则精妙，我就在那里宣讲了本书的初稿。感谢洛朗和朗格多克地区的朋友。接着，我将这篇稿件带到了巴塞罗那和马德里。感谢佩德罗·阿扎拉（Pedro Azara）以及加泰罗尼亚和西班牙的听众朋友。随后，我又在那不勒斯的让·贝拉尔中心作了报告。感谢克劳德·普扎杜（Claude Pouzadoux）和我的意大利朋友。最后，我在巴黎社会科学高等学院（EHESS）弗朗索瓦·利萨拉格（François Lissarrague）的研讨班上介绍了我的研究。感谢弗朗索瓦和所有学生。国际古希腊宗教研究中心（CIERGA）在约阿尼纳大学举行的"古代希腊人的宗教仪式和宗教观念中的植物世界"研讨会上，我也向听众介绍了这部作品。感谢参会人员和会议的组织人员，尤其感谢阿丽亚娜·塔蒂（Ariane Tatti）和阿塔纳西娅·佐格拉福（Athanassia Zografou）。感谢阿涅斯·塔宾（Agnès Tapin）和瓦索·扎查理（Vasso Zachari），在我需要帮助的时候他们总是亲切地施以援手。感谢克劳德·冯蒂希（Claude Frontisi）耐心地为我删削文本。尤其要感谢莫里斯·奥兰德（Maurice Olender）接受我这本体量不大、又混杂着各种内容的作品。最后要感谢索菲·塔尔诺（Sophie Tarneaud）的敏锐和高效。

图版目录

1. 达佛涅和阿波罗
安条克马赛克镶嵌画（局部），2—3 世纪。
美国普林斯顿大学艺术博物馆，藏品 y1965—219。博物馆照片。

2. 掷铁饼的许阿铿托斯
罗马宝石，罗马帝国时期。
英国伦敦大英博物馆，1859，0301.109。大英博物馆照片。

3. 骑上天鹅的许阿铿托斯
雅典红绘陶杯，公元前 5 世纪。
瑞士巴塞尔，私人收藏。

热尔内中心图片库。

4. 东方风信子
旧版画。私人收藏。

5. 兄弟墓前的赫利阿德斯姐妹
维吉尔·索利斯（Virgil Solis）版画，奥维德《变形记》插图，法兰克福，1563。
私人收藏。

6. 潘与叙任克斯
维吉尔·索利斯版画，奥维德《变形记》插图，法兰克福，1563。
私人收藏。

7. 米拉的分娩：阿多尼斯的诞生
意大利马约里卡彩绘瓷盘，传丰塔纳作坊出品，16世纪。
法国巴黎市立美术馆，inv. ODUT1072。

8. 那喀索斯
克里斯蒂娜·德·皮赞（Christine de Pisan）《奥西娅书信》插图，15世纪。
私人收藏。

9. 泽费罗斯掠走男孩

雅典红绘陶杯，公元前 5 世纪。
柏林 F2305。原器已佚。
热尔内中心图片库。

10. 奥罗拉掠走男孩
雅典红绘陶杯，公元前 5 世纪。
英国伦敦大英博物馆，1836，0224.82。大英博物馆照片。

11. 雅典红绘陶杯（局部）
公元前 5 世纪。
柏林 F2279。
热尔内中心图片库。

12. 水仙
版画，迪奥斯科里德斯《药物论》插图，1544。
法国米卢斯市立图书馆藏品，遗产收藏，编号 800 315。

13. 兰
版画，迪奥斯科里德斯《药物论》，1544。
法国米卢斯市立图书馆藏品，遗产收藏，编号 800 315。

14. 兰
米夏埃尔·伯恩哈德·瓦伦蒂尼《新辑本草全书》插图，法兰克福，1719。
私人收藏。

15. 菲勒蒙和包客斯

让-克洛德·富尔诺。油画,Ca. 1940。

让-克洛德·富尔诺遗产基金会照片。

图书在版编目（CIP）数据

女树男花 / (法) 弗朗索瓦丝·冯蒂希-迪库著；唐果译. -- 上海：上海文艺出版社, 2021
(新视野人文丛书)
ISBN 978-7-5321-7901-5
Ⅰ.①女… Ⅱ.①弗… ②唐… Ⅲ.①神话－研究－古希腊 Ⅳ.①B932.545
中国版本图书馆CIP数据核字(2021)第031552号

Françoise FRONTISI-DUCROUX

Arbres filles et garçons fleurs : Métamorphoses érotiques dans les mythes grecs

Copyright © Éditions du Seuil, 2017

Series « La librairie du XXIe siècle », under the direction of Maurice Olender

Simplified Chinese edition copyright © 2021 Shanghai Literature & Art Publishing House

All rights reserved.

著作权合同登记图字：09-2020-041

发 行 人：毕　胜
责任编辑：赵一凡
封面设计：万天星

书　　名：女树男花
作　　者：(法) 弗朗索瓦丝·冯蒂希-迪库
译　　者：唐　果
出　　版：上海世纪出版集团　上海文艺出版社
地　　址：上海市绍兴路7号　200020
发　　行：上海文艺出版社发行中心
　　　　　上海市绍兴路50号　200020　www.ewen.co
印　　刷：苏州市越洋印刷有限公司
开　　本：890×1240　1/32
印　　张：4.875
插　　页：13
字　　数：90,000
印　　次：2021年7月第1版　2021年7月第1次印刷
I S B N：978-7-5321-7901-5/C.086
定　　价：49.00元
告 读 者：如发现本书有质量问题请与印刷厂质量科联系　T: 0512-68180628